浙江大学德育与学生发展研究中心资助课题

Dangdai Daxuesheng

# Shehuizhuyi
# Hexin
# Jiazhiguan

Rentong Yanjiu

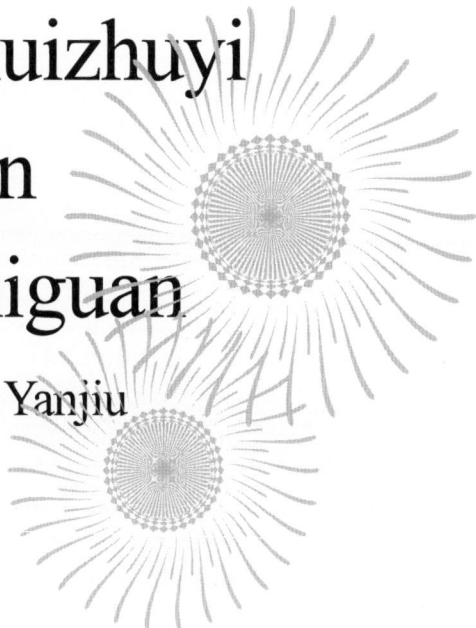

# 当代大学生
# 社会主义核心价值观认同研究

卢军霞 ———— 著

ZHEJIANG UNIVERSITY PRESS
浙江大学出版社

**图书在版编目(CIP)数据**

当代大学生社会主义核心价值观认同研究 / 卢军霞
著. 一杭州：浙江大学出版社，2021.8
ISBN 978-7-308-21739-2

Ⅰ．①当… Ⅱ．①卢… Ⅲ．①大学生－思想政治教育
－研究－中国 Ⅳ．①G641

中国版本图书馆 CIP 数据核字(2021)第 185388 号

# 当代大学生社会主义核心价值观认同研究

卢军霞　著

| | | |
|---|---|---|
| 策划编辑 | 吴伟伟 | |
| 责任编辑 | 陈　翩 | |
| 责任校对 | 丁沛岚 | |
| 封面设计 | 周　灵 | |
| 出版发行 | 浙江大学出版社 | |
| | （杭州市天目山路 148 号　邮政编码 310007） | |
| | （网址：http://www.zjupress.com） | |
| 排　　版 | 杭州朝曦图文设计有限公司 | |
| 印　　刷 | 广东虎彩云印刷有限公司绍兴分公司 | |
| 开　　本 | 710mm×1000mm　1/16 | |
| 印　　张 | 10 | |
| 字　　数 | 165 千 | |
| 版 印 次 | 2021 年 8 月第 1 版　2021 年 8 月第 1 次印刷 | |
| 书　　号 | ISBN 978-7-308-21739-2 | |
| 定　　价 | 48.00 元 | |

# 前　言

　　社会主义核心价值观是中国梦的价值内核,是中华民族伟大复兴的内在动力;作为祖国的未来、民族的希望,当代大学生的核心价值取向决定了未来社会的核心价值取向,关乎国家前途命运,关乎人民幸福安康。因此,研究当代大学生社会主义核心价值观认同具有重要意义。

　　当代大学生社会主义核心价值观认同是指当代大学生在社会生活中产生的对社会主义核心价值观及其在国家、社会、个人层面的运作在认知、感情和意识上的归属感,能够自觉运用社会主义核心价值观指导其思想行为并作为其处理各种价值问题时所持的根本立场、观点和态度。本书认为,其表征因子具体体现为经济价值观认同、政治价值观认同、文化价值观认同、社会价值观认同和生态价值观认同五个方面,并运用社会科学统计软件 SPSS 20.0进行实证分析,对当代大学生社会主义核心价值观认同的表征因子进行因子分析,验证了该表征理论模型。本书对浙江省 8 所高校 1500 名大学生进行问卷调查,研究结果显示,浙江省大学生对社会主义核心价值观认同的总体状况良好。

　　当代大学生社会主义核心价值观的认同是一个复杂的过程,受到各种因素的影响,其中,社会层面的影响因素有利益机制、文化生态、社会结构、生活环境;个体层面影响因素有思维能力、心理结构、社会交往、社会经验。各影响因素之间相互作用,其影响机理为内化认同的思辨过程和外化认同的完善过程。

　　当代大学生社会主义核心价值观认同的培育是一项系统工程。从主体角度，本书提出综合素质提升是大学生对社会主义核心价值观认同的内在动力，包括坚定理想信念、提高思想认识，开拓国际视野、强化国家认同，培养公民意识、提升道德修养，完善心理健康、促进全面发展。从客体角度，本书提出社会价值共识培育是大学生对社会主义核心价值观认同的外部基础，包括国富民强的经济基础、民主文明的政治基础、和谐共生的文化基础。从高校开展社会主义核心价值观培育的视角，本书提出全过程培育是高校大学生对社会主义核心价值观认同的过程路径，包括明晰全过程培育的理念模式、拓展全过程培育的载体设计、强化全过程培育的机制构建；提出通识教育是高校开展大学生社会主义核心价值观认同的方法路径；提出领导力培养是高校开展大学生社会主义核心价值观认同的载体路径。

# 目　录

# 第一章　当代大学生社会主义核心价值观认同的意义与研究进展

价值观是一个历久弥新的理论问题和实践问题,具有悠久历史和深远意义。习近平总书记2014年5月4日在北京大学师生座谈会上的讲话指出:"人类社会发展的历史表明,对一个民族、一个国家来说,最持久、最深层的力量是全社会共同认可的核心价值观。核心价值观,承载着一个民族、一个国家的精神追求,体现着一个社会评判是非曲直的价值标准。"①

青年兴,则国家兴;青年亡,则国家亡。青年大学生作为祖国的未来,是社会主义事业的中坚力量,当代青年大学生的核心价值观将直接影响中华民族伟大复兴的中国梦的实现。

党的十八大报告从三个层面高度概括了社会主义核心价值观的基本内涵,明确指出:"培育和践行社会主义核心价值观是推进中国特色社会主义伟大事业、实现中华民族伟大复兴中国梦的战略任务。"②高校是国民教育和社会主义精神文明建设的重要阵地,肩负培养社会主义事业合格建设者和可靠接班人的历史使命。促进当代大学生对社会主义核心价值观的认同,是高校思想政治教育的重要内容。高校培育社会主义核心价值观的本质体现和最终目的,就是要促进当代大学生对社会主义核心价值观的认同和践行。当代中国大学生社会主义核心价值观的认同和培育,体现了时代发展的需要、国家发展的需要、人的全面发展的需要,以及高校思想政治教育发展的需要。

第一,当代中国大学生社会主义核心价值观的认同和培育是时代发展的需要。"这是最好的时代,也是最坏的时代。"正如英国小说家狄更斯在《双城记》中所写,在这样一个经济全球化、价值多元化、信息大数据化的时代,中国的经济体制和政治体制的巨大变革给青年大学生的发展带来了重要的机遇,也带来了不容忽视的挑战,青年大学生在追求价值新境界的同时,也不同程度地受到了负面的影响。在这样的背景下,如何争取青年一代,如何帮助当代大学生培育社会主义核心价值观,使他们对社会主义核心价值观形成认同

---

① 习近平.青年要自觉践行社会主义核心价值观:在北京大学师生座谈会上的讲话[N].人民日报,2014-05-05.

② 胡锦涛.坚定不移沿着中国特色社会主义道路前进为全面建成小康社会而奋斗:在中国共产党第十八次全国代表大会上的报告[M].北京:人民出版社,2012:32.

并深刻践行,就成为一个时代的重要命题。

第二,当代中国大学生社会主义核心价值观的认同和培育是国家发展的需要。习近平总书记 2014 年 5 月 4 日在北京大学师生座谈会上的讲话指出:"富强、民主、文明、和谐,自由、平等、公正、法治,爱国、敬业、诚信、友善,传承着中国优秀传统文化的基因,寄托着近代以来中国人民上下求索、历经千辛万苦确立的理想和信念,也承载着我们每个人的美好愿景。"①

青年是祖国的未来,是国家的希望。中华民族的伟大复兴中国梦的实现离不开青年大学生的主动参与和创造。我们整个社会未来的价值取向,取决于青年的价值取向,他们对社会主义核心价值观的认同,是国家发展、社会建设的迫切需要。

第三,当代中国大学生社会主义核心价值观的认同和培育是人的全面发展的需要。马克思和恩格斯在《德意志意识形态》中,完成了人的内在本质和外在形式的统一,第一次提出了人的全面发展理论。在这部著作中,他们揭示了人的全面发展的客观历史规律。继而在《共产党宣言》中,描述了未来共产主义社会的蓝图:"代替那存在着阶级和阶级对立的资产阶级旧社会的,将是这样一个联合体,在那里,每个人的自由发展是一切人的自由发展的条件。"②

马克思、恩格斯曾以人的自由发展为尺度,把人类历史划分为三个时代,并指出共产主义是实现人的自由全面发展的条件和道路。共产主义是人类社会发展的必然环节,是"建立在个人全面发展和他们共同的、社会的生产能力成为从属于他们的社会财富这一基础上的自由个性"③,是人的发展的最高阶段,即人的自由、独立、全面发展的阶段。

社会主义核心价值观的指导思想是马克思列宁主义、毛泽东思想和中国特色社会主义理论体系。它体现了社会主义本质要求,是社会主义意识形态的核心,必然体现了人的自由全面发展的价值目标和追求。当代大学生对社会主义核心价值观的认同,必然促进当代大学生的全面发展。

第四,当代中国大学生社会主义核心价值观的认同和培育是高校思想政

---

① 习近平.青年要自觉践行社会主义核心价值观:在北京大学师生座谈会上的讲话[N].人民日报,2014-05-05.

② 马克思,恩格斯.共产党宣言[M].中共中央编译局,译.北京:中央编译出版社,1998.

③ 马克思恩格斯全集(第 30 卷)[M].北京:人民出版社,1995:107-108.

治教育发展的需要。习近平总书记在北京大学师生座谈会上的讲话强调："青年处在价值观形成和确立的时期,抓好这一时期的价值观养成十分重要。这就像穿衣服扣扣子一样,如果第一粒扣子扣错了,剩余的扣子都会扣错。人生的扣子从一开始就要扣好。'凿井者,起于三寸之坎,以就万仞之深。'青年要从现在做起、从自己做起,使社会主义核心价值观成为自己的基本遵循,并身体力行大力将其推广到全社会去。"①价值观对人的思想行为和社会的精神文明建设发挥着深层次的导向作用,是人类历史不断前进的精神动力,必须加强培育与引导。价值观形成和确立的关键时期是在大学阶段,高校思想政治教育工作的重要任务就是在当代大学生中培育社会主义核心价值观,加强当代大学生对社会主义核心价值观的认同。②

党的十八大以来,以习近平同志为核心的党中央高度重视培育和践行社会主义核心价值观。针对社会主义核心价值观,习近平总书记曾多次作出重要论述并提出明确要求。2021 年 4 月 19 日,习近平总书记考察清华大学时强调,当代中国青年是与新时代同向同行、共同前进的一代,生逢盛世,肩负重任,"要锤炼品德,自觉树立和践行社会主义核心价值观,自觉用中华优秀传统文化、革命文化、社会主义先进文化培根铸魂、启智润心,加强道德修养,明辨是非曲直,增强自我定力,矢志追求更有高度、更有境界、更有品位的人生"③。

思想政治教育的重要内容,是坚持"育人为本、德育为先"的教育理念,对社会主义核心价值观的科学含义和深刻内涵有科学的把握,及时有效地推进社会主义核心价值观进教材、进课堂、进头脑的工作。这就要求高校思想政治教育以科学的、积极的社会主义核心价值观引导当代大学生价值观念发展,加强社会主义核心价值观的认同。

基于这样的背景,本书力图从当代大学生群体培育和认同视角,分析当代大学生社会主义核心价值观认同的要素,解析其具体内涵,探讨其特征、功能和类型,分析其影响因子及相互作用机制,并据此探寻当代大学生培育社会主义核心价值观的现实路径,为高校思想政治教育提供一定的参考和借鉴。

---

① 习近平.青年要自觉践行社会主义核心价值观:在北京大学师生座谈会上的讲话[N].人民日报,2014-05-05.

② 李纪岩.当代大学生社会主义核心价值观培育研究[D].济南:山东师范大学,2010.

③ 习近平.坚持中国特色世界一流大学建设目标方向为服务国家富强民族复兴人民幸福贡献力量[N].人民日报,2021-04-20.

# 第一节　当代大学生社会主义核心价值观认同的意义

## 一、当代大学生所处的时代背景和肩负的历史使命

一个国家和社会是否拥有广泛认同的核心价值观,对其凝聚力和影响力具有重要的影响,关系到民族的兴旺与国家的发展。我国社会正处于转型时期,大学生所处的时代背景也较为多元化和复杂化,大学生只有抓准核心价值观的重心,才能真正认识到自身肩负的历史使命,才能抵御外界的各种诱惑。

众所周知,经济全球化这把双刃剑对我们的生活产生着深刻的影响,市场经济的巨大效益改变了我们的传统经济模式,也把我们卷入全球的市场漩涡之中。西方资本主义国家利用资本输出的契机,对我国进行文化输出和政治输出,而当代大学生作为其价值观灌输的重要目标群体,一旦意识形态被西化,就容易陷入在经济上和政治上被双重控制的危机,从而威胁到我国社会制度的稳定性。

借助于互联网,各类新媒体正在蓬勃兴起,信息的传播更为迅速,影响的范围也更为广泛,但随之而来也产生了信息质量良莠不齐的问题,多元化的传播思潮正在冲击着大学生的"三观"。此外,新媒体的工具主义倾向不利于大学生人文精神的培育,也不利于他们对传统优秀文化的学习。① 更值得关注的是,网络的虚拟性还可能引发大学生的诚信危机,线上线下双面示人的现象愈发普遍,容易造成个体道德人格的缺失和相关社会关系的紊乱。

虽然我国的综合国力已经得到了显著的提高,但"和平演变"并非一个耸人听闻的概念,而西方敌对势力、国家分裂分子、各类邪教组织等也在通过或明或暗的手段扰乱民心,诋毁社会主义制度。他们通过各类载体大肆宣扬腐

---

① 姚晓红,田杰,吴超.网络环境下大学生社会主义核心价值观教育研究[J].中国成人教育,2013(23).

朽的和错误的意识形态,企图在青年思想形成的关键时期施加影响,从而不战而胜,实现对社会主义政权的颠覆。

坚定不移地走中国特色社会主义道路是时代的必然选择,也是时代赋予中国人民的崇高使命。历史的发展无数次证明了这条道路的正确性和先进性,它与中国特色社会主义理论体系和中国特色社会主义制度共同统一于中国特色社会主义伟大实践,也是实现中国梦伟大理想的必经之路。

这样的时代背景赋予了当代大学生更为艰巨的历史使命,要求他们既要充分了解我国目前社会主义阶段的复杂国情,也要对充满挑战与竞争的世界局势有一定的认识;既要以科学知识武装自己,也要以道德修养充实自己,切实将个人发展与国家利益有机结合,将实现中华民族的伟大复兴作为最高的奋斗目标。因此,树立崇高的社会理想,树立正确的人生观、世界观和价值观,就是当代青年大学生要真正肩负起其历史使命所必须迈出的第一步。

社会主义核心价值观对当代大学生成长成才有巨大的引领和推动作用。大学生浅层价值观基本形成,但这些价值观往往是来自间接经验的学习和积累,不是在自身直接实践的基础上确立的,极易因外界的诱导和影响而发生改变。大学生处于世界观、人生观、价值观关键抉择时期,普遍存在认知片面性和知行统一性低的问题。① 这一时期既是他们思想意识的波动期,又是他们树立正确价值取向的关键期,正确的思想意识和价值观对大学生的生活、学习等各个方面的影响都极为显著且深远。

核心价值观本身具有一种特殊的激励性因素、信仰性因素和政治引导性因素。社会主义核心价值观不但能够有效引导当代大学生热爱国家、崇尚文明、奉献社会,也能有效培养当代大学生勤奋进取、诚实守信、正直友善的优良品格,对于当代大学生成长成才无疑具有重要现实意义。

社会主义核心价值观对当代大学生成长成才有重要的引领作用,这种引领作用体现在思想优化和行为规范两方面。

社会主义核心价值观根植于我国现代化建设的实践中,符合社会发展进步潮流,能保证当代大学生在当今社会纷繁复杂的价值取向中把握方向;社会主义核心价值观强调国家富强和人民共同富裕的价值目标,为当代大学生努力学习专业知识并强化自身综合素质提供强大的思想支撑和动力,能够鼓

---

① 龙莹.当代大学生社会主义核心价值观实践路径探究:基于价值认同的分析[J].湖北经济学院学报(人文社会科学版),2014(1).

励当代大学生积极面对社会发展中的问题和困境,重视个人主观能动性,以依靠自身努力获得个人全面进步和社会认可为最大光荣。

社会主义核心价值观不断规范当代大学生行为作风,在日常学习生活中,使他们明确是非善恶价值判断标准,从而建立良好的人际关系,养成高尚的道德品质,培养文明的生活习惯。

当代大学生普遍具有思维活、素质高、活力足的特点,是今后支撑我国经济社会发展的中坚力量。无数事例表明,虽然当代大学生受到各种各样社会思潮的冲击,出现过思想上动摇、道德上沉沦、行为上失范的状况,但绝大部分当代大学生身上体现出了与当今时代主流高度切合的优秀品质。无论是一边学习一边照顾瘫痪养母的孟佩杰,还是勇救素不相识落水老人而不求任何回报的赵传宇,无论是主动投身西部戈壁国防建设的谷振丰,还是以五吨切糕向地震灾区献爱心的阿迪力,社会主义核心价值观凝聚了他们关心国家、关注社会、崇尚正义、关爱他人的正能量。

当代大学生来自社会不同群体,拥有广泛代表性;当代大学生的实践经历集中在最近几年,最能体现时代性。从国家、社会和公民三个维度来看,社会主义核心价值观凝聚了当代大学生展现出的崭新正能量:当代大学生崇尚科学,热爱知识,敢于创业,勇于实践,普遍具有较开阔的国际视野,充分认可科技创新、管理创新和国际先进成果在国家经济社会发展中的重要作用,积极投身创新创业和国际交流实践;当代大学生受传统文化观念束缚少,受历史包袱影响小,对公平、正义、民主、法治等进步观念认识较早、了解较多、认可较高,很多大学生敢于表达观点、维护正义、践行社会理想;当代大学生成长于和平、稳定和发展的良好环境中,受到家庭、学校和社会的普遍关怀,对他人和社会心存感恩,积极投身扶危济困公益事业,通过互联网、新媒体等途径拓展公益事业影响力,揭露道德败坏现象,维护诚信友爱的社会风气。

当代大学生的正能量使社会主义核心价值观教育更具推广性。一方面,推广社会主义核心价值观需要增强思想理论认同,上见天光、下接地气,实现知行合一;另一方面,推广社会主义核心价值观需要增强情感认同,内强素质、外树榜样,实现情理合一。增强思想理论认同需要在实践中凝练思想意识,以来源于实践的思想和理论教育人、鼓舞人,空论思想、空谈理论只能使核心价值观教育失去吸引力,最终流于形式。脱离现实只能使核心价值观教育失去生命力,最终为人民群众反感甚至抵触。当代大学生受到全社会各群体的普遍关注,他们的一言一行、一举一动被视为国家和社会发展现状乃至未来发展趋势的体现。

综上所述,我们应当坚持用社会主义核心价值观凝聚大学生富有前沿性、时代性、青春性的正能量,并用这些正能量丰富和发展社会主义核心价值观的内涵,为培养中国特色社会主义事业的合格建设者和可靠接班人而共同努力。

## 二、当代大学生社会主义核心价值观认同的功能

### (一)主体功能

大学生是青年的一分子,是祖国社会主义事业的建设者,大学生群体对社会主义核心价值观的认同,就是对中国梦的认同。在推进中华民族伟大复兴进程中,当代大学生必然会发挥其主观能动性和主体功能,积极践行社会主义核心价值观,自觉"扣好第一颗扣子",自觉把自身发展与社会发展和国家命运结合起来,积极投身到中华民族伟大复兴的中国梦的建设中。

### (二)引领示范功能

"大学之道,在明明德,在亲民,在止于至善。"青年人进入大学,就是要勤学、要修德、要明辨、要笃实。大学生是青年中的先进分子,青年大学生对社会主义核心价值观的认同,必然在社会各个群体、各个阶层起到良好的引领示范作用。青年大学生走出校门,将会奔赴祖国的各个地方、各个岗位,而且他们的知识素质必将使他们能够担负更重的职责,他们将在其所在的组织、团体中起到引领示范的作用。

### (三)发展完善功能

社会主义核心价值观的社会主义本质属性决定了其终极价值指向是人的自由全面发展,大学生对社会主义核心价值观的认同体现在对社会主义政治价值观、经济价值观、文化价值观、社会价值观和生态价值观的认同,这必然会促进大学生个体在社会关系、素质能力和个性方面的发展,从而促进人的全面发展。

## 三、当代大学生对社会主义核心价值观认同的重要性

大学生的价值观是由多种观念要素构成的有机系统,其深层结构是对最高价值的根本看法和原则,这构成了价值观的内核,即核心价值观。[①] 对于当代大学生来说,在分析和处理问题的时候,核心价值观具有整体性的统筹与支配作用,影响着其他价值观的走向。更重要的是,核心价值观一旦发展到成熟阶段,就有较强的稳定性,不易发生改变。因此,要使当代大学生能够成为我国社会主义建设的合格接班人,就必须使其核心价值观发展与社会主义核心价值观并入同一轨道,使其从内心认同社会主义核心价值观。一方面,认同社会主义核心价值观是其坚定理想信念、明确精神归属的重要基础。当代大学生所面临的社会环境与老一辈人差异很大,国家所倡导的主流价值观和各种不同类型的思潮与文化共同存在、相互碰撞,对其思想发展具有巨大的冲击作用。大学生如果不能够很好地理解并认同社会主义核心价值观,就容易造成理想信念的淡化,从而错误地或不负责任地去选择自己的发展路径,甚至盲目地挑战政治权威和国家权威,阻碍个人的健康成长。另一方面,对国家和社会来讲,当代大学生认同社会主义核心价值观,是未来社会主义事业发展的重要保障。当今社会利益多元化的趋势愈发明显,容易造成价值取向的过度分散,人们只着眼于个人利益,而置国家和社会的整体利益于不顾,进而影响到社会的和谐安定。大学生群体作为社会中知识水平和道德素质均较高的一类人,其行为与态度对整个社会具有引导作用,他们对社会主义核心价值观的认同以及努力发展与维护,对整个社会风气的转变和祖国繁荣发展都具有十分重要的作用。因此,采用合理有效的方法对其进行社会主义核心价值观的培育是十分必要的。

第一,大学生群体是社会中最为积极的群体,由于其文化水平较高,往往被家庭甚至社会当作行为标杆,容易得到各界的支持,其带动力不可忽视。如果这一群体价值观偏激或反动思想严重,极易引发不良的社会思潮。因此,必须对其进行社会主义核心价值观的培育,使其带动性真正发挥到正确之处,真正担负起我国未来社会主义建设主力军的责任。

---

① 杨中刚.论加强对大学生核心价值观的引导和培育[J].学校党建与思想教育,2005(12).

第二，加强对当代大学生社会主义核心价值观的培育，是优化我国高校教育模式，增强教育竞争力的必然举措。我国大学教育仍普遍处于摸索转型阶段，要增强其在国际上的竞争力，除了提高科研技术能力之外，还要努力优化思想教育模式，建立起真正以学生为本的、从学生角度出发的创新育人发展理念。①

第三，加强对当代大学生社会主义核心价值观的培育，有助于大学生正确地认识社会，是保障他们成长成才、全面发展的重要环节；能够在他们内心深处建立起判别和分析社会问题的标杆，避免产生愤世嫉俗、剑走偏锋的偏激情绪。大学生只有建立起良好的情绪调控和心理保障机制，才能够看到社会中的美好现象，抵御负面信息，从而更好地认识自己、认识社会，集中精力优化自我发展。

第四，加强对当代大学生社会主义核心价值观的培育，是传承和发扬我国优秀传统文化和精神美德的良好途径。社会主义核心价值观以12个词语高度概括了我国传统美德的精髓，为广大青年群体领悟民族精神的内核提供了一条便捷的途径。合理有效地进行社会主义核心价值观的培育，就是要着力于从被动灌输向主动吸纳的转变过程，通过理论与实践的结合，矫正当代大学生的错误观念，从而实现对我国漫长历史所积累下来的经典价值思想的良好传承。

---

① 宰波.增强大学生社会主义核心价值观教育实效性的对策探析[J].河南科技学院学报(社会科学版),2013(1).

# 第二节　当代大学生社会主义核心价值观认同的研究进展

## 一、关于价值观的研究进展

### (一)价值

价值,并不是一个陌生的概念,相反,它是人类生活的永恒主题。这样一个亘古的主题,几乎成为所有社会科学研究的对象。不同的学科、不同的主体,基于不同的视角,对价值形成不同的理解。当前,对于价值的概念,国内外学者作了很多的探讨,从哲学层面来讲,主要有"实体说""客体属性说""主体需要说""主客体关系说"等。

"实体说"把事物本身同价值结合起来,认为事物本身即其价值。例如,房屋的价值是房屋本身;食物本身即食物的价值。这种理解把事物本身的具象等同于价值,是一种非常朴实、简单的理解,但是同时不可避免地具有理解的局限性。因为事物本身的形态并不能完全代表事物所具有的各种属性,或者事物的附加价值。基于此,关于价值的"客体属性说"应运而生。辩证唯物主义认为:世界是物质的,物质是客观存在的,物质的固有属性是与物质融为一体的,是不可磨灭的。这种观点主张:"价值并不是客体事物本身,不是独立实体,而是客体所固有的某些属性。"①

"主体需要说"认为,物质本身不具备价值,它的价值体现在人们利用、使用物质从而满足了人们的追求和需要。马克思在《资本论》中把价值表述为:"物的有用性使物成为使用价值。"②这种观点强调,人们对物的使用使它具有了价值。如经济学把价值定义为商品的属性,价值的大小取决于必要的生产劳动时间。物品本身若不具备价值,则不成其为商品。只有人们需要使用,

---

①　李德顺.价值新论[M].北京:中国青年出版社,1993:66.
②　马克思恩格斯全集(第 23 卷)[M].北京:人民出版社,1972:48.

其才成为商品,才具有了价值。这种理解也是比较片面的。

最为学者推崇和认可,并具有普遍意义的观点是:价值是主客体之间的一种普遍的、基本的关系。马克思曾说过:"'价值'这个普遍的概念是从人们对待满足他们需要的外界物的关系中产生的。"[①]即价值并不是物体本身,也不是物质所固有的属性,而是在人与满足其需要的物质之间的相互关系中产生的。在人、物及其相互作用三者的关系中,主体、客体及其相互作用三者共同存在,这是价值产生的根本,构成了今天较为认同的"主客体关系说";一方面,价值离不开人和人的需要;另一方面,价值也离不开客体。

综上所述,价值是主体客体之间的一种基本的、普遍的关系。它体现为两个方面的含义:一是价值作为一种意义范畴,指在主体和客体相互作用的过程中,主体对客体的需要赋予了客体意义;二是价值作为一种关系范畴,体现为在主体、客体相互作用的过程中,客体的存在、属性、作用及其变化与主体的需要相一致、相适应的性质和程度。[②] 同时,价值是以实践为基础的。

### (二)价值观念/价值观

关于价值观念,学界也有不同的理解。如有人认为:"价值观念是人们在价值基础上形成的具有对行为的指导性和取向性的有关事物效用的观念意识,即价值主体用以判断和衡量价值客体的基本标准和尺度。"[③]虽然对于价值观念的界定并不相同,但是从一般意义上,我们认为可以从以下三个方面来更好地理解价值观念。

第一,价值观念不是先天形成的,其形成是个复杂的过程,在人的一生中,以各种方式有意无意地进行着。一个人所生活的家庭与社会环境、所接受的各种教育,都对其社会观念产生重要的影响。一个人从出生起,就与世界上的事物发生了联系。在这个遍地都是有价值的事物的环境里,他的价值观念受到各种各样因素的影响:小时候来自父母及家庭教育,进入学校后受到学校教育及周围的人的影响,受到来自社会各个层面、各种思潮、各种现象、各种文化的影响。其中,在人的价值观念的形成过程中,教育具有非常重

---

① 马克思恩格斯全集(第19卷)[M].北京:人民出版社,1963:406.

② 郑芳.西方人本主义德育理论对高校社会主义核心价值观教育的启示[J].时代教育,2014(17).

③ 裴德海.从一般价值到核心价值:社会主义核心价值观培育与践行的双重逻辑[M].合肥:安徽教育出版社,2013:16.

要的作用。在不断的思辨和实践中,人的价值观念逐渐形成并具有一定的稳定性。

第二,价值观念不是单一的,而是多层次的。每个人的价值观念的形成都有其独特性,不同的人,其价值观念也不一样。社会由人组成,不同的社会成员,必然形成不同的价值观念,这也会导致社会价值观念的多样性和多层次性。所以,对于一个社会来讲,其价值观念与社会结构、社会形态、社会实践等相互作用并相互影响。也就是说,社会价值观念受到社会现实利益的影响,同时也会反过来影响社会现实利益的实践取向;社会价值观念既体现了社会成员共同的、一般的价值观念,也直接影响着社会成员的思想状况。

第三,无论是个人的还是社会的价值观念,都是会随着社会变化而发展变化的。正如马克思、恩格斯在《共产党宣言》中指出的:"人们的观念、观点和概念,一句话,人们的意识,随着人们的生活条件、人们的社会关系、人们的社会存在的改变而改变。"①随着时代的发展,人的需要也在发生着变化,从生存的需要逐渐转向自我价值实现的需要,在这个过程中,价值观念也必然发生变化。同时,社会的发展,科技、文明的进步,也必然导致社会的价值观念发生变化。评价社会观念的最主要的原则就是其是否符合社会历史发展的大趋势,是否顺应社会经济形态的变革。

目前,学界对价值观和价值观念一般不作严格的区分。但两者还是有区别的,一般认为,价值观是关于价值的根本看法。到底什么是"价值观"呢?

在我们的日常生活中,价值观经常出现在媒体上,特别是自从党的十七届六中全会以来,举国上下掀起了"我们的价值观"大讨论,价值观的研究也重新达到了高潮。

国外相关研究中,代表性的观点如下:克拉克洪(Clyde Kluckhohn)认为,价值观影响着人们可能选择什么行为方式、手段和结果来生活,是个人或群体的一种特征。② 罗克奇(Milton Rokeach)认为,价值观作为一种深层构建所包含的信仰体系和行为选择之间互相体现及依存的性质和关系,是具有动

---

① 马克思恩格斯选集(第 1 卷)[M]. 北京:人民出版社,1995:291.

② Kluckhohn C K M. Value and orientation in the theory of action:An exploration in definition and classification[C]//T. Parsons, A. Shils. Toward a General Theory of Action. Cambridge,MA:Harvard University Press,1951.

机性和规范性作用的信念。① 施瓦茨（Shalom H. Schwartz）认为，价值观定义是合乎需要的超情景的目标，在一个人的生活中或其他社会存在中起着指导原则的作用。② 萨柏（Donald E. Super）认为，价值观是一个人想要达到的目标，此目标或者是一种心理状态，或者是一种相互联系，或者是一种物质条件。③

国内相关研究中，代表性的观点如下：黄希庭等认为，价值观是人们区别是非善恶的标准并指导行为的心理倾向系统④；石云霞认为，价值观就是人们对于价值的根本观点和看法⑤；吴新文认为，价值观需要回答"看重什么""珍视什么""追求什么""信仰什么"这样的问题，它是主体进行评价、取舍和选择的立足点和最终标准⑥；李明华认为，价值观为人们提供理想目标和行为规范，同时也为人们的一切价值判断提供尺度⑦；李德顺等认为，价值观是人们对基本价值的看法或对价值问题的基本看法⑧。

基于以上梳理，本书认为：价值观是主体关于客观对象的价值的总看法、总观点。在下文的论述中，本书对"价值观""价值观念"不作严格的区分。

## （三）核心价值观

一般来讲，核心价值观是价值观的内核，是起到决定作用的价值观念。国内学者也是从不同角度、不同学科来分析核心价值观的概念。本书选取几个比较有代表性的观点予以阐述。贾英健认为，核心价值观在人们的价值观

---

① 转引自：岑国桢. 青少年主流价值观：心理学的探索[M]. 上海：上海教育出版社，2007：23.

② Schwartz S H，Bilsky W. Toward a universal psychological structure of human values[J]. Journal of Personality and Social Psychology，1987（53）.

③ 转引自：岑国桢. 青少年主流价值观：心理学的探索[M]. 上海：上海教育出版社，2007：4-5.

④ 黄希庭，张进辅，李红，等. 当代中国青年价值观与教育[M]. 成都：四川教育出版社，1994：1-30.

⑤ 石云霞. 当代中国价值观论纲[M]. 武汉：武汉大学出版社，1996：14.

⑥ 吴新文. 社会主义核心价值观[M]. 重庆：重庆出版社，2009：5.

⑦ 李明华. 时代演进与价值选择：中国价值观探讨[M]. 西安：陕西人民出版社，1992：58.

⑧ 李德顺，马俊峰. 价值论原理[M]. 西安：陕西人民出版社，2002：468.

念体系中处于中心、主导、支配地位。① 裴德海从哲学层面展开分析,认为社会核心价值观念要居于"核心"地位,必须具备哲学的基础和以下三个特征:①能够体现人文精神;②能够赢得社会中大多数人的认同;③政治力量对于社会核心价值观念的推崇。② 岑国桢认为,主流价值观反映的是现实,核心价值观主要反映的是标杆,是要求。相对于主流价值观,核心价值观处于支配地位,具有指导作用。③ 陈芝海认为,核心价值观是强力支撑一个社会的重要的终极信念,是社会判断是非善恶的首要标准。它牢牢扎根于一个社会的内部,反映着该社会的本质意识,体现着统治阶级的利益导向,并对其他价值观起着主导与支配的作用。有了核心价值观,社会非核心的价值观才有了发展的基点与航标,价值观教育才能准确找到有效的切入点与着力点。④

对于核心价值观的概念界定,本书比较认同的是杨业华的表述:核心价值观就是指人们在长期的价值生活实践中积淀和形成的有关客体对主体效应的根本看法,是人们在处理各种价值问题时所持的根本立场、观点和态度。⑤

## 二、关于社会主义核心价值观的研究进展

在党的十八大召开以前,学界主要围绕"社会主义核心价值体系"展开研究;党的十八大召开之后,学界研究重点转为"社会主义核心价值观"。

朱颖原《社会主义核心价值观多维研究》一书把价值观放在马克思主义在中国传播的时间维度中,梳理中国社会主义核心价值观的形成、发展、成熟的脉络,从传统维度分析了传统价值观是当代中国价值观的文化渊源,从历史维度考察了中国共产党对社会主义核心价值观的建构,从理论维度揭示了马克思主义经典作家对社会主义核心价值观的探索,从逻辑维度分析了社会主义核心价值观的内在逻辑,从实践维度探讨了如何培育和践行社会主义核

---

① 贾英健.核心价值观及其功能[N].光明日报,2007-10-23.

② 裴德海.从一般价值到核心价值:社会主义核心价值观培育与践行的双重逻辑[M].合肥:安徽教育出版社,2013:33.

③ 岑国桢.青少年主流价值观:心理学的探索[M].上海:上海教育出版社,2007:23.

④ 陈芝海.大学生社会主义核心价值观教育研究[M].北京:光明日报出版社,2013:35.

⑤ 杨业华.当代中国大学生核心价值观研究[M].北京:人民出版社,2011:39.

心价值观。全书力求展现马克思主义中国化视域中的价值观的演变,并从价值观的演变中呈现马克思主义中国化的双重观照。①

　　冯颜利、廖小明《问题·旨趣·路径——社会主义核心价值观新探究》一书在分析了价值、价值观和核心价值观等基本理论问题后,从以下三个方面展开论述:从古今中外任何成熟社会都有其核心价值观的角度阐明了提炼社会主义核心价值观的重大意义;当今社会价值多元,急需提炼核心价值观;社会主义核心价值体系面临大众化的挑战。然后,从提炼社会主义核心价值观的基本原则、三个向度、素材和观点述评分析了社会主义核心价值观的旨趣所归。最后,探讨了社会主义核心价值观的新路径。该书最重要的成果,是提炼了"人义法自信"五个字的社会主义核心价值观。②

　　裴德海《从一般价值到核心价值——社会主义核心价值观培育与践行的双重逻辑》一书从一般价值观与核心价值观的内涵、关系着手,论述了核心价值观的一般指认,并分析了全球化背景下的价值观的变迁与价值多样化,探讨了构建社会主义核心价值观的伦理基础,并提出党员领导干部应成为培育和践行社会主义核心价值观的先锋;同时,分析了社会主义核心价值观的培育路径和建构的总体框架,并指出中国文化是形塑核心价值观的内在依据。③

　　综合考察相关著作及文献,研究呈现如下面向。

### (一)关于社会主义核心价值观的意义的研究

　　一是凝练社会主义核心价值观的意义研究。如:冯颜利、廖小明认为,提炼社会主义核心价值观有利于巩固全党全国各族人民团结奋斗的共同思想基础,有利于实现文化自觉,增强我国文化软实力。④ 还有很多学者认为,"现有社会主义核心价值体系表述尚显概念冗长、结构复杂、内容宏大"⑤。

---

　　①　朱颖原. 社会主义核心价值观多维研究[M]. 北京:人民出版社,2013.

　　②　冯颜利,廖小明. 问题·旨趣·路径:社会主义核心价值观新探究[M]. 北京:人民出版社,2014.

　　③　裴德海. 从一般价值到核心价值:社会主义核心价值观培育与践行的双重逻辑[M]. 合肥:安徽教育出版社,2013.

　　④　冯颜利,廖小明. 问题·旨趣·路径:社会主义核心价值观新探索[M]. 北京:人民出版社,2014:14-15.

　　⑤　中共中央党校省部班课题组. 凝练核心价值观 提高执政软实力[J]. 中国党政干部论坛,2011(7).

二是社会主义核心价值观的地位和重要性的研究。如：丰富和发展了马克思主义价值学说；推动社会主义核心价值体系通俗化、大众化；引领整合多样化社会思潮；应对西方价值观冲击和挑战。①

### （二）关于凝练社会主义核心价值观的研究

桑丽认为，学界对凝练社会主义核心价值观的重要性已经达成共识，在凝练基本思路方面，主要围绕理论基础、主体定位、现实依据及其文字表述四个方面的规定性展开研究；在理论基础方面，学术界普遍认为凝练社会主义核心价值观要以马克思主义为理论源头，坚持经典性与时代性相结合的原则，注重将优秀传统文化与全人类优秀文化相结合的原则；在主体定位方面，存在三个观点——社会主义核心价值观的主体是国家，社会主义核心价值观的主体既是国家也是公民，社会主义核心价值观的主体是国家和公民；在凝练社会主义核心价值观的现实依据方面，大多数学者认为凝练社会主义核心价值观要立足于实践和时代；在文字表述方面，现有研究普遍认为社会主义核心价值观的表述应该通俗易懂、简洁明了，词与词之间要有内在逻辑。关于凝练社会主义核心价值观的内容方面的研究，主要有"对应论""阶段论""过程论""并列论"等观点。学界对凝练社会主义核心价值观的研究还存在理论研究和实践研究相割裂与疏离的现象，对于传播和推广核心价值观的研究不够。②

### （三）关于解构社会主义核心价值观的研究

国内学术界对于社会主义核心价值观的解构主要是从社会主义核心价值观的概念、内涵、特征等方面展开的。研究进路一般是从社会主义核心价值体系与社会主义核心价值观之间的关系着手，并在此基础上界定其内涵。另一种研究进路主要集中在对"三个倡导"的层次属性及彼此关系的分析。大多数学者认为，这三个层次之间存在密切联系。朱颖原在其专著《社会主义核心价值观多维研究》中专门用一章阐释了三者之间的内在逻辑，认为"'三个倡导'体现了国家、社会、个人三个层面的价值取向、价值目标、价值导

---

① 李志伟，王斯敏.社会主义核心价值体系建设的点睛之笔［N］.光明日报，2012-11-12.

② 桑丽.凝练社会主义核心价值观研究述评[J].唯实，2012(8-9).

向以及价值准则,具有目标的明确性、价值导向的正确性以及道德建设的规范性,构成了相互作用、互相影响、密不可分的逻辑整体"①。但也有学者持不同观点,如虞崇胜认为,这样的区分不符合一般规律,也割裂了彼此之间的联系。②

## 三、关于大学生社会主义核心价值观认同的研究进展

任何一个社会群体,都有属于自身的文化,有群体成员共同拥有和信奉的价值观。当代大学生作为社会主义核心价值观认同和培育最受关注的一个群体,他们对社会主义核心价值观的认同过程、认同机理、认同表征都具有该群体的鲜明特征。本书认为,当代大学生社会主义核心价值观认同的结果状态,就是当代大学生的核心价值观达到应然的状态。因此,本书对当代大学生社会主义核心价值观认同界定如下:当代大学生能够自觉运用社会主义核心价值观指导其思想行为,能够用社会主义核心价值观作为其处理各种价值问题时所持的根本立场、观点和态度。

关于大学生社会主义核心价值观认同,国内学者主要从以下方面展开研究。

### (一)认同的作用和地位

学者们观点一致,认为在当前时代背景下,大学生对于社会主义核心价值观的认同意义重大。如王晨艳等认为,在全球化时代,社会主义核心价值观的认同关系到我国软实力的呈现,关系到我国文化安全,而青年正成为世界各国意识形态竞争角逐的对象,青年大学生自身的特点也决定了其要加强对社会主义核心价值观的认同。③

### (二)认同的内涵和本质

学界对认同的理解各不相同。如李小玲认为,认同本质上是"要求形成

---

① 朱颖原.社会主义核心价值观多维研究[M].北京:人民出版社,2013:145-146.
② 虞崇胜.凝练社会主义核心价值观应把握其生成规律[J].中国党政干部论坛,2013(2).
③ 王晨艳,李奎刚.大学生社会主义核心价值观认同分析与培育着眼点[J].思想政治教育研究,2013(4).

全社会的主流价值观,认同的目标在于凝聚社会共识,引领社会思潮,形成强大的国家和民族凝聚力"①。祝辉认为,社会主义核心价值观认同就是对人的自由全面发展的认同,要把这种共同的价值取向外化为实践中的价值行为。②贺善侃认为,认同是人们在自己的社会实践活动中能够以某种共同的价值观念作为标准规范自己的行动,并且把这些观念自觉内化为自己的价值追求和价值取向。③

### (三)认同的现状

国内学者主要运用问卷调查的方法来了解认同的现状。如黄莉、邹世享对两所高校共2212名学生进行了调查,表明大学生普遍赞同社会主义核心价值体系,认为马克思主义对我国现代化建设依然具有根本指导作用。④ 曾献辉等对江西省3所高校的学生展开了问卷调查,从大学生的政治信仰、理想境界、精神塑造和价值导向等四个方面切入,分析了认同缺失的原因——主要在于大学生认同的片面性和不平衡性,以及高校教育机制的不健全和现代化进程下社会转型的出现对大学生价值观念的影响。⑤ 王晨艳等通过问卷调查、观察法探究大学生对社会主义核心价值观的表述方式、情感认同程度和理性认知状况,并将认同分为主动接受、部分否定和欠缺稳定性三个层次。⑥

### (四)大学生社会主义核心价值观认同的实现路径

学者们提供了多重视角、多个维度的建议。王晨艳认为,培育大学生社会主义核心价值观认同,着力点在于从日常生活中增进认同,加强对中国特

---

① 李小玲.加强社会主义核心价值观社会认同研究[J].上海商学院学报,2012(6).

② 祝辉.社会主义核心价值观认同的内涵及可行性分析[J].长春工业大学学报(社会科学版),2011(5).

③ 贺善侃.经济全球化背景下的价值认同与冲突[J].毛泽东邓小平理论研究,2003(5).

④ 黄莉,邹世享.大学生对社会主义核心价值观的认同调查分析[J].西南交通大学学报(社会科学版),2010(3).

⑤ 曾献辉,陈小志,李明.大学生对社会主义核心价值观认同性的研究[J].经济研究导刊,2011(21).

⑥ 王晨艳,李奎刚.大学生社会主义核心价值观认同分析与培育着眼点[J].思想政治教育研究,2013(4).

色社会主义理论学术话语权的构建。① 黄莉等建议,改革德育教学的内容,增强教育的针对性;加强师德建设,不断提高思想政治工作者的素质;加强大学生日常思想教育和管理;加强校园文化建设,营造优良的校园育人环境;加强大学生心理健康教育,探索有效途径。② 靳志强提出要以利益机制增进认同:在宏观层面,稳固共同利益;在中观层面,扩大公共利益;在微观层面,调适利益矛盾;最后,引入利益补偿和保障机制寻求利益平衡。③

## (五)社会主义核心价值观认同的影响要素与过程机制

关于社会主义核心价值观认同的过程。大部分学者认为,社会主义核心价值观认同是一个动态的、复杂的、系统的过程。有学者认为,认同分为两个过程——内化过程和反向过程。其中,内化过程包含理论形态向常识形态的转化;反向过程包含从常识形态向理论形态的转化。④

关于社会主义核心价值观认同的动力要素。有学者认为,社会主义核心价值观认同的基本要素可以分为社会主义核心价值观、思想政治教育者、教育对象、教育载体和教育方式等,这些要素是社会成员认同社会主义核心价值观的驱动力,它们之间有机匹配、相互作用。⑤

关于社会主义核心价值观认同的影响因素。孟轲认为,社会主义核心价值观认同受到表达方式的抽象化、传播路径的单一化、干部知行的分裂化、制度约束的异化性、价值观构成的多元化的负面影响。⑥ 张彦君认为,社会主义核心价值观认同的自觉发生需要内外部驱动力的促进,同时,外部驱动力要

---

①　王晨艳,李奎刚.大学生社会主义核心价值观认同分析与培育着眼点[J].思想政治教育研究,2013(4).

②　黄莉,邹世享.大学生对社会主义核心价值观的认同调查分析[J].西南交通大学学报(社会科学版),2010(3).

③　靳志强.社会主义核心价值观认同的利益机制研究[J].长春理工大学学报(社会科学版),2011(7).

④　刘新庚,刘峥.社会主义核心价值观认同的动力要素与过程机制探索[J].中南大学学报(社会科学版),2012(3).

⑤　刘新庚,刘峥.社会主义核心价值观认同的动力要素与过程机制探索[J].中南大学学报(社会科学版),2012(3).

⑥　孟轲.社会主义核心价值观大众认同的基本动因及障碍[J].河南师范大学学报(哲学社会科学版),2014(1).

能够驱动内部驱动力。①

## (六)大学生中不同群体或者不同视角对社会主义核心价值观的认同

选取某一群体进行针对性的研究,是比较普遍的方法。例如,大学生党员、大学生村官、民族高校大学生、民族地区大学生、民办高校大学生、高职学生、体育类90后大学生、医学院学生、研究生等群体,都成为研究对象。还有很多学者从区域性亚文化、现代化、阶层亚文化、政治现代化、社会现代化、文化世俗化等视角对社会主义核心价值观认同进行了研究。

总体上看,研究仍处于探索阶段:间接相关的研究多,直接相关的研究少;表层性、点位性的研究多,深入的、系统性的研究少;简单、实证的研究多,深层、思辨的研究少。本书认为,对大学生社会主义核心价值观认同的目标及其表征因子的剖析,对大学生社会主义核心价值观认同的影响因素及影响机理的分析,都可以深入推进。

---

① 张彦君.社会主义核心价值观认同驱动力研究[J].河南社会科学,2014(7).

# 第二章　当代大学生社会主义核心价值观认同的理论研究

　　当代大学生成长于物质极度丰富、信息化带来海量信息、现代化带来多元价值的环境下,表现出对自我关注和成长需要"更高"、对信息处理和社会交往"更快"、对个体意识和精神追求"更强"的特征。而在现代化、全球化的背景下,他们的价值观念发展具有价值目标由理想化向现实化转变、价值取向由单一化向多元化整合、价值选择由群体化向个体化偏移的特征。虽然总体发展良好,以多元性和开放性为主,但也伴随着一定的矛盾性、差异性和不稳定性。在他们的价值观形成和确定的大学关键时期,他们需要得到社会广泛尊重,需要接受系统而富有创新性的德育,需要能够帮助其确立信仰、优化理想的正能量。同时,由于当代大学生所处的时代背景——我国社会正处在转型关键期、改革攻坚期,多元文化和价值观念交叉、交锋、交融,他们面临着价值选择和价值确立的困惑;又由于他们肩负着实现中华民族伟大复兴中国梦的历史使命,他们迫切需要确立正确的、科学的、积极的价值观。社会主义核心价值观的根本价值追求是促进人的全面发展,它是实现中华民族伟大复兴中国梦的内在核心力量,是中国魂,它和当代大学生的成长密切相关,能够在思想优化和行为规范等方面积极引领当代大学生成长,能够凝聚当代大学生的正能量。所以,增强当代大学生对社会主义核心价值观的认同,无论是对推动中华民族伟大复兴、中国梦实现还是对当代青年健康成长,都具有重大的意义,并且尤为迫切。

# 第一节　人的全面发展理论

　　人首先是作为社会人存在的,人不可能脱离社会独自生活,人的社会属性是人的根本属性,人的本质是一切社会关系的总和,任何人都存在于一定的社会关系中,与他人和社会构成这样或那样的关系。在对人的本质揭示的基础上,马克思指出:"'价值'这个普遍的概念是从人们对待满足他们需要的外界物的关系中产生的。"①这个观点说明了人的价值是通过人的各种实践活动,在一定的社会关系中表现出来的。马克思关于人的价值的观点,可以概述为:"个人对于他人、社会所具有的意义或者作用,即个人对于他人、社会需要的满足"②,是"人在社会中发挥能动作用满足一定需要的有用性"③。他把人的价值分为人的自我价值和社会价值两个方面。自我价值体现在社会对个人的需要的尊重和满足,社会价值体现在个人对社会的贡献和责任,两者之间是互相联系、辩证统一的。一个人要实现自己的价值,首先要体现为对他者需要的满足,对社会有所贡献。一个人的价值大小是与他对社会的贡献度休戚相关的,当然,也与他自身的能力相关。个人对于社会的贡献是多种多样的,评判的标准也不同。例如,爱因斯坦对于人类社会在科学方面的贡献巨大,特蕾莎修女则因为她在印度为穷困人民所做的事情而被世人称颂。个人作为社会的组成部分,自身也不可避免地存在着需要。根据马斯洛的需求层次理论,个人在满足生存的需要后逐步追求自我实现,而在为社会做贡献的过程中,其能够获得社会的尊重,实现自我价值。

人的全面发展理论始终贯穿在马克思的理论体系中,在马克思的人学理论中占据核心地位。在《德意志意识形态》中,马克思和恩格斯完成了人的内在本质和外在形式的统一,第一次提出了人的全面发展理论。在这部著作中,马克思和恩格斯揭示了人的全面发展的客观历史规律,继而在科学共产主义最伟大的纲领性文件《共产党宣言》中,描述了未来共产主义社会的蓝图。④"人以一种全面的方式,也就是说,作为一个完整的人,占有自己的全面的本质。"⑤综观马克思主义理论,马克思从政治经济学、哲学、科学社会主义等领域对人的全面发展进行了考察。

马克思主义人的全面发展理论包含四个方面的内容:人的活动的全面发展和人的需要的全面发展;人的能力和素质的全面提升;人的社会关系和社会交往的全面发展;人的个性的全面自由发展。⑥

---

① 马克思恩格斯全集(第19卷)[M].北京:人民出版社,1963:406.
② 陈志尚.人学原理[M].北京:北京出版社,2004:415.
③ 王孝哲.马克思主义人学概论[M].合肥:安徽大学出版社,2009:121.
④ 马克思恩格斯选集(第1卷)[M].北京:人民出版社,1995:294.
⑤ 马克思恩格斯全集(第42卷)[M].北京:人民出版社,1979:123.
⑥ 顾相伟.马克思人的全面发展思想的当代价值研究[D].上海:上海师范大学,2010.

　　首先，人的实践活动主要包括改造自然界、改造社会和改造自身的活动。马克思说："在共产主义社会里，任何人都没有特殊的活动范围，而是都可以在任何部门内发展，社会调节着整个生产。"①可见活动的全面发展表现为活动范围的全面发展，也表现为活动领域的发展，从而为活动的内容和形式充分丰富、完整和可变化提供可能，也为人的全面发展提供可能。② 也就是说，人的实践活动可以不受活动性质与活动领域的限制，人们可以按照自己的兴趣和特长来从事活动。人的全面发展还表现为人的需要的全面发展。马克思认为，有需要才能引起人的行为活动，需要是人内在的、本质的规定性。而且，随着社会的不断发展变化，人们的需要也在发生着变化，"已经得到满足的第一个需要本身、满足需要的活动和已经获得的为满足需要而用的工具又引起新的需要"③。因而，不断满足需要的过程，是人走向全面发展的过程。

　　其次，人的全面发展体现为人的能力和素质的全面提升。综观马克思主义人的全面发展理论，马克思把人的能力的发展看作人的发展的核心，认为它是"人的本质力量的公开的展示"④，"任何人的职责、使命、任务就是全面地发展自己的一切能力"⑤。在这里，马克思认为这种能力是天然存在的，并且可以理解为"人的身体即活的人体中存在的、每当人生产某种使用价值时就运用的体力和智力的总和"⑥。其中，体力是人体所具有的自然力，智力是人的劳动技能、生产经验和科学文化等精神方面的生产力。人的全面发展还包含人的素质的全面提升和发展。能力和素质全面发展的个人，"就是能够适应不同的劳动需要并且在交替变换的职能中，使自己先天和后天的各种能力得到自由发挥的个人"⑦。所以，通过后天的培养和训练，人们在社会生产实践中不断锻炼和提升自身的能力和素质。

　　再次，人的全面发展体现为人的社会关系和社会交往的全面发展。马克思认为，人的本质不是单个人所固有的抽象物，在其现实性上是一切社会关

---

①　马克思恩格斯选集(第 1 卷)[M].北京：人民出版社,1995：85.

②　吴向东.对人的全面发展内涵的解释[J].教学与研究,2004(1).

③　马克思恩格斯选集(第 1 卷)[M].北京：人民出版社,1995：79.

④　马克思恩格斯全集(第 42 卷)[M].北京：人民出版社,1979：128.

⑤　马克思恩格斯全集(第 3 卷)[M].北京：人民出版社,1960：330.

⑥　马克思恩格斯全集(第 23 卷)[M].北京：人民出版社,1972：190.

⑦　韩庆祥,亢安毅.马克思开辟的道路：人的全面发展研究[M].北京：人民出版社,2005：139.

系的总和。换句话说，人作为社会人而存在，一个人拥有丰富的社会关系和普遍的社会交往，也就意味着其发展更加全面。"社会关系实际上决定着一个人能够发展到什么程度。"①"一个人的发展取决于他直接或间接进行交往的其他一切人的发展。"②一个人与周围世界的关系越丰富，他的内心世界就越丰富，他的生命表现就越复杂和多样。人的社会关系和社会交往的全面发展意味着人们主动或被动参与到社会各个领域、各个层次的分工和交往中，同无数其他人形成各个方面、各个领域和各个层次的社会联系，人与人之间的交往更加自由、开放，从而真正进入一种"共同体"的状态。

最后，人的全面发展体现为人的个性的全面自由发展。人之所以成其为不同的人之根据，是人的个性。马克思主张人的全面发展是指人的个性的充分发展和个人能力的多方面发展。但是"'全面发展'并不是'面面俱到'，真正的'全面发展'所追求的恰恰是个性和卓越"③。因此，马克思出于对人的个性差异性的肯定，将人性的丰富多彩展现出来。"有个性的个人"的形式是一个社会关系决定人的人性发展、人的个性发展改变社会关系并因此而进一步改变和完善人的个性的辩证过程。④ 伴随着人的主体性的确定和人的个性的充分发挥，每个人将摆脱对物的依赖而具有选择的自由，每个人将因为自己与众不同的个性而大放异彩。

马克思把人类社会的历史发展分为依次更替的三大形态，即"人的依赖性关系"形态、"物的依赖性关系"形态和"个人全面发展"形态。人的存在方式和发展状况依赖于人类社会的生产生活方式，人的发展也离不开这三个阶段，"人的全面发展"阶段是马克思理想的人的存在形态。在这一阶段，人的需要、活动、能力、个性、社会关系都能得到全面发展。"劳动表现为人以生产过程的监督者和调节者的身份同生产过程本身发生关系。"⑤只有在共产主义社会，人的全面发展才可能实现。而现阶段仍旧处于对于"物的依赖"的第二阶段——我国目前正处于从传统社会向现代社会、从农业社会向工业社会、

---

① 马克思恩格斯全集(第3卷)[M].北京:人民出版社,1960:295.
② 马克思恩格斯全集(第46卷)[M].北京:人民出版社,2003:109.
③ 扈中平."人的全面发展"内涵新析[J].教育研究,2005(5).
④ 沈晓阳.马克思"有个性的个人"思想探析[J].探索,2002(1).
⑤ 马克思恩格斯全集(第46卷)[M].北京:人民出版社,2003:218.

从封闭社会向开放社会的巨大变迁中。① 因此,要充分认识到人的全面发展的社会条件还未成熟,科学正确的价值观是当下人的全面发展的新内涵和新要求。

人是价值的源泉。马克思主义人的全面发展理论是马克思主义的核心和精髓,把共产主义理解为人的全面发展,必然要求把促进人的全面发展作为社会主义的本质要求,并以此确立以人为中心的社会主义核心价值观。②

# 第二节　认同理论与价值认同理论

## 一、认同理论

加拿大政治哲学家查尔斯·泰勒(Charles Taylor)把认同产生的渊源归结为现代性。其在《现代性之隐忧》一书中写道:"在现代之前,人们并不谈论'同一性'和'认同',并不是由于人们没有(我们称之为的)同一性。"③随着现代社会的发展,人们的生活由熟人社会向陌生人社会转变,价值观和各种思潮呈现出多样性、多元性和变化性。人作为主体的能动性增强,同时,人的选择也变得更加艰难。主体对于他者的认同,也处于不断的"建构—破裂—建构"过程中,剧烈变化的现实往往使得一种认同刚刚确立,瞬间又变得虚无缥缈了。④ 在《自我的根源:现代认同的形成》一书中,泰勒指出,自我的根源是现代认同的形成渊源。自我的根源即人性本来就有善恶之分,比较务实的做法是制定相应的约束机制,减少恶的作用发挥。⑤ 马场伸也的认同论与洛克、康德的认识论,弗洛伊德的自我论等,都有这样的表述——认同就是寻求自

---

① 高萍美.当代中国社会转型期文明多维结构的伦理分析[J].贵州大学学报(社会科学版),2011(2).

② 王贵明.理解马克思主义核心和实质的新提问方式与自由个性[J].马克思主义研究,2003(1).

③ 泰勒.现代性之隐忧[M].程炼,译.北京:中央编译出版社,2001:55.

④ 王成兵.当代认同危机的人学解读[M].北京:中国社会科学出版社,2004:15.

⑤ 泰勒.自我的根源:现代认同的形成[M].韩震,译.南京:译林出版社,2001.

己在历史中存在的证明。①

认同在全球化背景下得到强化。经济全球化的本质在于人类社会生活跨越物理空间、地域的限制,在全球范围内开展全方位的沟通和联系,这种沟通和联系从经济领域拓展到文化、政治等各个领域。政治、经济、文化、意识形态等各个领域存在的差异、矛盾甚至是冲突,在全球化语境下变得更加明显和尖锐。在这种背景下,人们之间的交流和联系需要彼此的认同才能得以延续。

"认同"的概念最早由威廉·詹姆斯(William James)和弗洛伊德提出。作为精神学派分析大师的弗洛伊德认为,认同是"个人向另一个人或团体的价值、规范与面貌去模仿、内化并形成自己的行为模式的心理过程"②。20世纪50年代,弗洛伊德的学生埃里克森(Erik H. Erikson)进一步发展和完善了认同理论,使其成为心理学研究的基础理论。埃里克森认为,人的认同贯穿于人不同的发展阶段,需要不断进行新的自我确认和角色选择。由此,人就会不断面临认同危机,并且,一个成熟的心理认同的发展,是以人所属的团体为条件的,每个人都有对身份的自觉意识、对人格同一性的追求以及对某种人生或社会理想的趋同性。③ 埃里克森非常强调自我意识的作用和社会文化对认同的影响④,并认为认同危机不仅存在于自我认同的过程中,同样存在于社会、文化等各个领域。

20世纪90年代,国内学者开始关注和研究认同的概念及理论。对于认同的界定,国内学者各抒己见。沙莲香从社会心理学角度指出,认同是一种用以解释人格统合机制的概念,是维系人格与社会文化之间互动的内在力量,从而是维持人格统一性和一贯性的内在力量,用以表达主体性和归属感。⑤ 聂立清认为:"认同就是主体对他者的自觉自愿的认可、接受、赞同、同意乃至推崇。它不是模仿也不是依从;它不仅仅是一种简单的知识性的同意、接受,更是主体对他者在心灵深处的相通、相融,在情感、意识上的归属

---

① 李素华. 对政治认同的功能和资源分析[D]. 上海:复旦大学,2005.

② 聂立清. 我国当代主流意识形态认同研究[M]. 北京:人民出版社,2010:57.

③ 邱钰斌. 价值认同理论考察及核心价值观教育启示[J]. 西南民族大学学报(人文社科版),2009(11).

④ 车文博. 弗洛伊德主义原著选辑[M]. 沈阳:辽宁人民出版社,1988:375.

⑤ 沙莲香. 社会心理学[M]. 北京:中国人民大学出版社,2002:125.

感。"①李素华认为,认同包含两个层面:一是认为跟自己有共同之处而感到亲切,予以认可和赞同;二是自觉地以所认可的对象的规范要求自己,按所认可对象的规范行事。②

认同作为人类所特有的认知方式和结果,贯穿于人的发展的各个阶段。相应地,对于由个人组成的社会来说,随着社会自身的发展变化,个体认同和社会认同都将面临不断的重新确认的认同危机。而认同的核心,就是价值认同。

## (一)社会认同

泰菲尔(Tajfel)等人第一篇介绍社会认同的文章发表于20世纪70年代,之后,特纳(Turner)的自我归类理论进一步完善了社会认同理论,使之成为社会心理学领域研究群体行为的重要理论依据。社会认同理论首先对个体认同和社会认同作了区分:个体认同是社会个体对自我的认识和描述;社会认同是一个社会类别全体成员得出的自我描述,即某一类别社会全体成员对该类别社会全体成员的集体特质的描述。③ 随着社会的发展,社会成员的兴趣特质得到更多的体现,社会成员在不同空间和时间组合为不同的团体和群体,例如基于自助旅游爱好建立"驴友"群体,基于摄影爱好建立"好摄之友"群体,基于跑步爱好组建"夜跑者协会",等等。这些成员认同自己所在的群体的特质。关于社会认同,泰菲尔将它定义为:"个体认识到他(或她)属于特定的社会群体,同时也认识到作为群体成员带给他的情感和价值意义。"④在社会认同建立的过程中,个体认同和社会认同两个层面是不可分割、紧密相连的整体。事实上,"人的认同问题就是人的种种属性的集中体现"⑤,社会认同是人作为社会存在的一个特征或属性,"没有社会认同,事实上就没有社会"⑥。

① 聂立清.我国当代主流意识形态认同研究[M].北京:人民出版社,2010:20.
② 李素华.对认同概念的理论述评[J].兰州学刊,2005(4).
③ Tajfel H,Turner J C. The social identity theory of intergroup behavior[C]// Worchel S,Austin W(eds.). Psychology of Intergroup Relations. Chicago:Nelson Hall, 1986:7-24.
④ Tajfel H. Differentiation Between Social Group:Studies in the Social Psychology of Intergroup Relations[M]. London:Academic Press,1978.
⑤ 王成兵.对当代认同概念的一种理解[J].学习与探索,2004(6).
⑥ Richard J. Social Identity[M]. London:Routledge Publishing Group,1996:3-4.

### (二)政治认同

"政治,作为维系社会生存与发展的最基本的社会机制,不仅因其发端于社会物质生产和人类社会生活而具有深厚的物质根基和永恒的意义,而且必然在人类协调个人与社会、个人与国家多维关系的历史过程中,形成自身的本质规定和基本属性。"[1]政治的本质决定了政治认同的根本是政治体系的合法性问题。韦伯(Max Weber)认为,合法性就是对一种政治秩序或统治的信仰与服从。[2] 帕金(Frank Parkin)强调,"经同意而统治"才是一切统治合法性的最终来源。[3] 而政治合法性的本质体现在"政治认同"上,体现在对一定时空内政治体系的合利益性、合道德性、合法律性的情况的评价上。

## 二、价值认同理论

我国学者从 20 世纪末开始研究价值认同。从价值认同的过程这一视角来看,有三种代表性观点。第一种观点认为,价值认同是指个体或社会共同体(民族、国家等)通过相互交往而在观念上对某一或某类价值的认可和共享,是人们对自身在社会生活中的价值的定位和定向,并表现为共同价值观念的形成。[4] 第二种观点认为,价值认同分为内化认同和外化认同。价值认同是人们首先确定的价值取向,这种取向是以某种共同的理想、信念、尺度、原则为目标的,这是内化的过程;然后,在实际的社会活动中将这些价值观念和取向作为标准用以规范自己的行动,这是外化的过程。[5] 第三种观点认为,价值认同是一个动态调整的过程,其主体是人,在社会实践过程中,人的社会关系不断发生变化,人们的价值观念、价值体系也随之调整。这个过程也是价值认同的形成过程。[6]

---

① 万斌.万斌文集(第4卷):政治哲学[M].杭州:杭州出版社,2004:71.
② 刘希伟.科举制的历史合理性与合法性[J].中国地质大学学报(社会科学版),2009(4).
③ 帕金.马克斯·韦伯[M]. 刘东,谢维和,译. 成都:四川人民出版社,1987:124-125.
④ 汪信砚.全球化中的价值认同与价值观冲突[J].哲学研究,2002(11).
⑤ 贺善侃.经济全球化背景下的价值认同与冲突[J].毛泽东邓小平理论研究,2003(5).
⑥ 刘芳.全球化时代的价值认同[J].甘肃理论学刊,2004(5).

## （一）价值认同的特征

价值认同源自现代性。吉登斯（Anthony Giddens）在《现代性的后果》一书中开宗明义——"现代性的根本性后果之一是全球化"；而在全球化背景下，人们之间交往的空间边界逐渐模糊，网络的发展使得时空转换愈加方便快捷，我们正在进入鲍曼（Zygmunt Bauman）所言的"流动的现代性"中。① 价值认同作为现代性认同危机的核心，也表现出相关特征。

### 1. 过程性

个体或者群体的价值认同的形成和确立是一个动态的过程。价值认同是主体对作为客体的价值观念的认可、赞同并接受的过程，并且受到诸多因素的影响；是一个从认知认同到情感认同再到内化认同并外化为行为的循环往复的过程。"全球化背景下的价值认同还是一个个体价值、集体价值和社会价值之间相互转化、相互渗透的过程。"②价值认同的过程性也使得其表现出一定的相对性和历史继承性。

### 2. 社会性

"认同是一种集体现象，而绝不仅是个别现象。"③价值认同是在经济全球化背景下，价值多元化导致价值差异、价值冲突的前提下，作为认同主体的个体或群体对某一种价值观念的认可、接受，在这个过程中，主体、客体都生活在社会这个共同体中。"共同体是一切行动之源。它缓慢而有力地教化个体的每个新的一代，按照它自身的形象塑造他们。"④

### 3. 习得性

在弗洛伊德看来，认同是一个心理过程，"是个人向另一个人或团体的价

---

①　刘丹.全球化时代的认同问题与公民教育研究：基于公民身份的视角[M].北京：北京师范大学出版社，2013：102.

②　贺善侃.经济全球化背景下的价值认同与冲突[J].毛泽东邓小平理论研究，2003(5).

③　麦克盖根.文化民粹主义[M].桂万先，译.南京：南京大学出版社，2001：228.

④　滕尼斯.共同体与社会[M].贺麟，译.北京：商务印书馆，1979：98.

值、规范与面貌去模仿、内化并形成自己的行为模式的心理过程"①。价值认同的习得性,是指价值主体通过学习、模仿、内化某种价值观念,以此指导主体行为的过程。价值认同的习得性是从价值主体发挥主观能动性的角度考量的,价值认同的主体基于其成长环境、受教育情况、所处的社会环境等,选择、学习、模仿不同的价值观念,从而确立自己的价值观。哪怕是同一主体,在不同时期、不同年龄段,其对某种价值观念的认同程度也会不同。

4.可塑性

可塑性的前提是价值认同的变化性和动态性。如前所述,价值认同的过程受到价值主体自身因素的影响,也受到社会环境因素的影响,这些因素通过价值认同主体发挥主动性,同时,社会、他者利用这些社会影响因素来作用于价值认同的对象,从而使得价值认同具有可塑性,也为价值观教育提供了可能。

5.共存性

泰勒认为,认同差异,要求一个关于重要意义的视野,一个在此情形下共享的视野。认同的渊源来自现代性,而现代性的后果——全球化带来的多元与多样,其本质是差异性。求同存异是价值认同的另一特征,由于价值观的多元性和多样性,有些价值观甚至是相互冲突和矛盾的,这就决定了不论是个体认同还是社会认同,必然是认同一部分的或者一个层次的价值观。在全球化背景下,只有在关系到全人类福祉的一些公共事务上,人们的价值观念才有可能达成一致,在其他很多方面,人们的价值观是存在很大差异的。所以,价值观认同的共存性成为一种必然。

6.实践性

"全部社会生活在本质上是实践的。"②所以,对于价值认同而言,重要的不是对于价值观的认知和赞同,其最终要义是主体运用价值观指导自己的行为。同时,个体也只有经过亲身的实践,才能更切身地领悟价值观的深刻内

---

① 聂立清.我国当代主流意识形态认同研究[M].北京:人民出版社,2010:57.
② 侯惠勤.马克思的意识形态批判与当代中国[M].北京:中国社会科学出版社,2010:57.

涵,才能真正接受和认可。

## (二)价值认同的类型

从价值认同主体在认同过程中的地位来看,价值认同可以分为主动认同、强制认同和引导认同三类;从心理结构来看,价值认同可以分为认知认同、情感认同和行为认同。

### 1.主动认同、强制认同和引导认同

主动认同是"主体对某种意识形态的自觉自愿地、积极主动地学习、理解、认可和接受"①。主动认同体现了人的主观能动性的发挥,也体现了人们自觉自愿认同某种价值观的特性。人的行为需要思想的指导,价值观的形成就是认同的过程。马克思说:"从前的一切唯物主义(包括费尔巴哈的唯物主义)的主要缺点是:对对象、现实、感性,只是从客体的或者直观的形式去理解,而不是把它们当作感性的人的活动,当作实践去理解,不是从主体方面去理解。"②人的活动体现了人的需求,人的需求的满足是人活动的目的。人的主体性体现在自觉选择和认同能够满足需要的价值观念,并以此指导自身行为,进而达到满足需要的目的。

强制认同也称被动认同。近代以来,就如《共产党宣言》揭示的那样,强制认同在全球化的进程中得到了充分的体现,在西方殖民主义者的坚船利炮下,西方资本向海外迅速扩张,资本主义也得到了世界性的发展。到了当代,市场化成为全球化的通行证,西方资本主义国家利用其先发优势制定市场规则,从而通过市场这只看不见的手进一步扩张资本主义的版图和价值模式。对于个体或者价值认同的主体而言,强制认同是指这种认同不是来自主体的自觉自愿,不是主体根据自身的需要而自发地认可、认同某种价值观念,而是通过外界的力量来强制认同。如前所述,社会的发展进步是不会停止的,历史的车轮也不会倒退,始终是朝前迈进的。马克思和恩格斯早已经阐述了由封建主义社会走向资本主义社会是人类社会发展的客观规律,后者通过其强大的政治、经济、军事和科技实力,在其他国家强行推行自己的价值观念和意识形态。即使在当代,西方资本主义国家也通过军事战争手段来推行自己的

---

① 聂立清.我国当代主流意识形态认同研究[M].北京:人民出版社,2010:49.
② 马克思恩格斯选集(第1卷)[M].北京:人民出版社,1995:54.

价值观念。特别是在经济全球化的背景下，通过货币战争或者文化渗透等形式来推行其价值观念。"对于发展中国家来说，它们加入全球化，就是'自动'地把自己置于一种由'他者'所规定的秩序和结果之中的过程，对于西方的价值观念只能被动接受。"①

引导认同又称引诱认同。引导认同是"介于主动认同和强制认同之间的一种认同类型，是指主体在价值观念展现的绝大魅力的引导下不自觉地认可、赞同、接受了该意识形态的价值观念"②。例如，当西方曾经的惯用伎俩如经济封锁、冷战等不能取得如以往的效果时，以美国为首的西方利益集团采取"和平演变"战略，利用各种针对 NGO 等组织的经济援助、美国大片等媒介、学术交流等各种形式进行文化渗透、价值观渗透。引导认同是比较有效的一种认同形式，在潜移默化中影响人们特别是青年人的价值观念。

2.认知认同、情感认同和行为认同

普通心理学认为，认知是指人们获得知识、应用知识的过程或信息加工的过程。③ 认知认同作为认同的第一阶段，主要是认同主体对认同客体的一般性感知，包括感性认同和理性认同两个阶段。感性认同是人们在接受某一价值观念之前的认知，即是否知道、是否明白，是回答"是什么"的阶段。理性认同是在感性认同的基础上，通过对这一价值观念所包含信息的分析、推理等加工后，明白这一价值观念的所以然，是回答"为什么"的阶段。在这一阶段，人们能够理解这一价值观念的产生原因、背景，并能明白这一价值观念的内涵。理性认同具有间接性、深刻性、全面性和系统性的特点。经过感性认同和理性认同两个阶段，认知认同才算形成并具有了一定的稳定性。

情感认同是在认知认同的基础上，人们对某种价值观念是否满意、是否喜欢、是否肯定的情绪。这一情绪体验是人们对该价值观念进行评价、选择后产生的，具有主观性。情感认同和认知认同是相辅相成、相互促进的，认知认同是情感认同的前提，情感认同是认知认同的强化。如果价值认同主体对某种价值观念产生喜欢、满意、接受等正向的、积极的情感认同的体验，必然

---

① 贾英健.认同的哲学意蕴与价值认同的本质[J].山东师范大学学报(人文社会科学版),2006(1).

② 聂立清.我国当代主流意识形态认同研究[M].北京:人民出版社,2010:51.

③ 彭聃龄.普通心理学[M].北京:北京师范大学出版社,2004:37.

会对认知认同产生正向的、积极的、肯定的促进和强化；如果价值认同主体产生的是不满意、不喜欢、不接受等负向的、消极的情感体验，与之相应地，必然会对认知认同产生否定的、消极的促进和强化。所以，只有人们对某一价值观念产生积极的、肯定的情感认同，其才能从内心自发地、自觉地接受该价值观，并从正向的、积极的角度强化其认知认同，使认知认同和情感认同更加稳定。

行为认同是指人们在认可、接受某种价值观念之后，自觉将之转化为自己内心的坚定信念，进而用这种信念指导实践。行为认同可以理解为内化认同和外化实践两个阶段。"内化是精神结构要素的运动，其来自现实中的资源，然后与精神结构中的被视作内部身份的自我进行整合。"①价值主体对价值观念的内化认同是主体把某种价值观念转化为自己内心信念的过程，这一过程体现了价值认同主体高度的自主性和自觉性。内化认同是价值认同的关键环节，使价值主体对价值客体达到了知、情、意的统一。在内化认同的基础上，外化实践得以实现。信念和价值观念一旦稳定，必然会指导人们的行为。没有外化实践，价值认同也就失去了意义。

价值认同的过程中，认知认同、情感认同和行为认同三个环节是相互联系、相互影响、相互促进的。三者的有机统一是价值认同的根本要求和本质体现。

综上所述，马克思关于人的价值和人的全面发展的理论为社会主义核心价值观促进人的全面发展的终极追求提供了强大的理论基础。通过对认同理论形成和发展的考察，本书发现：认同的核心是价值认同，价值认同作为价值主体之间变化着的关系，具有过程性、社会性、习得性、可塑性、共存性和实践性，这为大学生社会主义核心价值观认同提供了认同可能；价值认同具有主动认同、强制认同和引导认同或认知认同、情感认同和行为认同等不同的类型，这为当代大学生社会主义核心价值观认同提供了认同进路；马克思人学理论、认同及价值认同理论为当代大学生社会主义核心价值观认同理论构建提供了丰富的理论依据。

---

① 柯纳斯，詹姆斯.内化[M].王丽颖，译.北京：北京大学医学出版社，2007：7.

# 第三节 社会主义核心价值观理论

倡导富强、民主、文明、和谐,倡导自由、平等、公正、法治,倡导爱国、敬业、诚信、友善,积极培育社会主义核心价值观。[①] 这是党的十八大报告对大力培育社会主义核心价值观的重大部署和崭新要求。而要切实完成培育社会主义核心价值观这一目标,就必须关注作为祖国未来发展和建设中坚力量的当代青年大学生的价值观念形成,增强当代大学生的社会主义核心价值观的认同。

社会主义核心价值观作为社会主义核心价值体系的内核、灵魂,是中国14亿人民、56个民族的共同价值观的"最大公约数",是一个高度凝练、高度完整的科学体系,具有深刻的内涵和鲜明的特征。其内涵的深刻性体现在:是我国追求强国梦想的国家价值目标,是中华民族伟大复兴的思想基础、前进方向、精神支撑;是我国坚守公平正义的社会价值取向,为中国发展凝聚共识、指引航向、提供动力;是我国培育诚信友爱的公民价值准则,是中国人民的精神家园、精神血脉、精神滋养。其外延的广阔性体现在:是社会主义本质的高度体现,是对优秀文化传统的继承发扬,是对世界先进文明的兼收并蓄,是改革创新精神的时代彰显。社会主义核心价值观和中国梦紧密相连、相互促进,社会主义核心价值观是中国梦的价值内核,中国梦是社会主义核心价值观的伟大实践。

社会主义核心价值观具有国家、社会和公民三个维度的丰富内涵,三个维度相互支撑、相互融合,使社会主义核心价值观成为集思想性、理论性和实践性于一体的完整体系。在全国人民团结一致,为实现中华民族伟大复兴中国梦奋发进取的历史条件下,社会主义核心价值观已经成为中国梦的内核驱动并指导和丰富了中国梦的历史方向与实践方式。当代大学生作为社会上最具活力和创造力的群体,他们的人生道路在社会主义核心价值观的引领下不断凝聚新的正能量,社会主义核心价值观已经成为他们成长成才的重要指

---

[①] 胡锦涛. 坚定不移沿着中国特色社会主义道路前进为全面建成小康社会而奋斗:在中国共产党第十八次全国代表大会上的报告[M]. 北京:人民出版社,2012:32.

引和推动力量。

## 一、社会主义核心价值观的内涵

党的十八大报告丰富了社会主义核心价值观的内涵,本书结合当前经济社会发展实际,将其概括为三个维度,即追求强国梦想的国家价值目标、坚守公平正义的社会价值取向及培育诚信友爱的公民价值准则。

### (一)第一个维度:倡导富强、民主、文明、和谐的社会主义核心价值观,是追求强国梦想的国家维度的价值目标

经济富强是中国特色社会主义经济的核心价值。经济富强的基本含义有两方面,一是生产力的解放,二是生产关系的进步。只有解放和发展生产力才能实现民富国强,才能为社会主义建设奠定坚实的物质基础,才能真正得到人民群众的支持,才能真正凝聚人民群众的力量,从而顺利解决前进中的各种困难和问题。生产关系的调整与进步以实现共同富裕为目标,即在解放和发展生产力的基础上完善以公有制为主体的基本经济制度,在按劳分配为主体的基础上处理好效率与公平的关系。生产力的解放与生产关系的进步高度统一于社会主义经济价值观的建构与完善中。

人民民主是中国特色社会主义政治的核心价值。人民民主的基本含义有两方面,一是国家民主法治,二是社会公平正义。民主作为一种价值理念,是人类共同的理想目标和价值追求;而民主作为一种国家形式,是阶级统治的工具。只有保障人民当家作主,才能维护民主法治,才能实现公平正义,而民主法治建设与社会公平正义又是人民当家作主的重要依靠与源泉。国家民主法治建设与社会公平正义的维护高度统一于社会主义政治价值观的建构与完善中。

先进文明是中国特色社会主义文化的核心价值。先进文明的基本含义有两方面,一是指历史上和当今世界上一切文化的优秀成果与进步,二是指立足现实不断追求理想的进步状态。文明,作为一种价值判断,是指人类社会文化发展成果的总和,包含物质文明、政治文明、精神文明等,突出强调其中的积极因素,是一个褒义概念。中国特色社会主义制度的建立和完善既是继承人类优秀文化成果的结果,又为各色优秀文化成果百家争鸣、百花齐放提供了根本保障;中国特色社会主义制度符合历史发展趋势,社会主义制度

的建立和完善是历史发展的必然潮流,当前我国各族人民的共同理想和最高理想正是这些趋势和潮流在意识形态上的如实反映。继承优秀成果与追求崇高理想高度统一于社会主义文化价值观的建构与完善中。

社会和谐是中国特色社会主义社会的核心价值。社会和谐的基本含义是指人与人、人与自然的和谐,它为社会系统内人与人之间和睦友好相处提供了制度保障。中国特色社会主义建设中,科技的进步为社会系统内人与自然共生共荣提供了物质基础。人与人的和谐及人与自然的和谐高度统一于社会主义社会价值观的建构与完善中。

### (二)第二个维度:倡导自由、平等、公正、法治的社会主义核心价值观,是坚守公平正义的社会维度的价值取向

公平正义不但是人类自古以来追求的社会状态,也是深深根植于人们内心的价值观,是内容与形式、本质与现象的统一。公平正义表现为以程序正义为核心的法治精神。公平正义意味着法律面前人人平等,社会成员必须在以法律为基础的共同规范和标准规定范围内活动,社会成员间的冲突必须按照严格的程序和步骤依法解决。公平正义体现了国家在法治基础上对社会各阶层、各团体及个人之间利益的调控。这意味着在公平正义缺失时,国家和政府必须采取有效手段,调整各方利益关系,化解矛盾和冲突,贯彻公平正义原则。

在实现人民当家作主的社会主义国家,公平正义更是社会的内在要求和核心价值观之一。公平正义的社会价值取向从根本上契合了社会主义公有制为主体的基本经济制度和实现共同富裕的目标,是社会主义民主法治建设的题中应有之义。自由、平等、公正、法治四者相互融合、相互渗透、相互补充、相互促进,不断充实和完善公平正义的先进价值取向并高度统一于社会主义核心价值观的建构与完善中。

### (三)第三个维度:倡导爱国、敬业、诚信、友善的社会主义核心价值观,是培育诚信友爱的公民维度的价值准则

诚信友爱是古今中外各阶级、各阶层都大力倡导的个人道德规范,也是社会主义社会每一位公民应当严守的价值准则。诚信友爱的内涵应包括两方面:首先,诚信友爱是一种判断性的价值准则,只有言而有信、待人真诚、与人为善才能获得他人及社会的认可和尊重,而任何虚伪或丑恶的观念与行为

都会遭到他人及社会的反对乃至唾弃;其次,诚信友爱是一种指导性的价值准则,任何诚信友爱的观念都能够将公民个人的观念和行为引向积极层面,并以多种渠道影响更多公民的观念和行为,使得真诚友善成为绝大部分公民个人的行为准则并逐步成为社会风气的主导力量。

在中国特色社会主义条件下,诚信友爱被赋予了更为丰富的内涵。首先,在中国特色社会主义条件下,剥削制度已经被消灭,人民成为国家的主人,平等地享有管理国家和社会事务的权利,人与人之间产生矛盾和仇视的经济与社会根源已经不复存在,诚信友爱是人际关系发展的必然趋势和要求。其次,在中国特色社会主义条件下,国家、社会和个人之间相互协调,热爱国家、热爱社会、热爱工作岗位、热爱他人四者相互支撑、相互促进,公民之间的诚信友爱已经与国家发展和社会进步渐趋一致。爱国、敬业、诚信、友善四者相互融合、相互渗透、相互补充、相互促进,不断充实和完善诚信友爱的先进价值准则并高度统一于社会主义核心价值观的建构与完善中。

## 二、社会主义核心价值观的特征

无论是国家层面还是社会、公民层面的社会主义核心价值观,都具有社会主义核心价值观的基本特征,即都是社会主义本质的高度体现,都是对优秀传统文化的继承发扬,都是对世界先进文明的兼收并蓄,都是改革创新精神的时代彰显。

### (一)是社会主义本质的高度体现

党的十一届三中全会召开后,我国开始实行改革开放政策,创造性地建立并发展了社会主义市场经济体制,极大推动了我国生产力的解放和发展。

不可否认,我国非公有制经济的发展、社会主义市场经济体制的完善使人民群众的人生追求和价值选择呈现出多样化趋势,但是,我国人民民主专政的政权性质、中国共产党的执政地位、公有制为主体的基本经济制度都没有改变,我国的社会主义国家性质毋庸置疑,这也就从本质上决定了反映这种经济关系和政治关系的社会主义意识形态在社会和国家中处于主导地位,社会主义核心价值观作为这种意识形态的集中体现,在我国意识形态中的主导地位更不应有丝毫动摇。

社会主义本质包括发展社会主义国家经济、消灭不平等的剥削制度、实现共同富裕等基本内容,社会主义核心价值观包括国家、社会和公民三个层面的价值取向或目标,将两者相对照可以看出,无论是国家层面上对富强的追求,还是社会层面上对公平正义的维护,抑或是公民层面上对诚信友爱的推崇,都十分鲜明地体现出社会主义本质的内在要求。

### (二)是对优秀传统文化的继承发扬

我国拥有5000多年的文明历史,形成了许多优秀的中华传统文化,其内容涉及政治、经济、文化、思想、道德、伦理等诸多方面,是中华文明和民族精神的重要载体,而在中国特色社会主义条件下,这些传统文化精华也势必成为社会主义核心价值观构建的现实生长点。

中国优秀传统文化体现了中国传统价值观。从理论形态上看,中国传统价值观主要包括儒家人文(道义)主义价值观、道家自然主义价值观、法家权势功利主义价值观和墨家兼爱功利主义价值观。在中华民族源远流长的历史长河中,占据主导地位的是儒家的人文主义价值观。其以仁为核心,以"仁义礼智信"为基本道德规范,以"忠孝节义"为根本处世标准。[1] 从思想内容层面来看,中国传统价值观主要包括"天行健,君子以自强不息"的奋进精神,"先天下之忧而忧,后天下之乐而乐"的爱国情怀,"天人合一""道法自然""贵和尚中""和而不同"的和谐观念,"祖宗之法不可畏"的创新思维,"四海之内皆兄弟"的和平理念。[2]

从理论形态和思想内容两个层面不难看出,中国传统价值观特色鲜明。

### (三)是对世界先进文明的兼收并蓄

以马克思主义为指导建设社会主义核心价值观,就必须对世界先进文明兼收并蓄,在正确处理好民族价值观和外来价值观、传统价值观和现代价值观、社会主义价值观和资本主义价值观的基础上实现社会主义核心价值观的时代化。

我国社会主义市场经济体制不断建立和完善,社会主义核心价值观在批

---

① 田海舰,邓伟丽.论建构中国特色社会主义核心价值观的着力点[J].保定学院学报,2009(1).

② 郭学利,高红梅.传统文化教育与大学生核心价值观的构建[J].内蒙古师范大学学报(教育科学版),2013(7).

判吸收西方发达资本主义国家市场经济普遍价值观的基础上也得以不断发展。社会主义核心价值观克服了西方发达资本主义国家市场经济普遍价值观的消极和负面影响,取其精华,去其糟粕,不断形成和完善以自立意识、竞争意识、效率意识、民主法治意识、开拓创新精神为主要特点且与社会主义市场经济体制相适应的价值观。这一价值观树立起把集体利益放在首位而又充分尊重公民个人合法利益的社会主义义利观,把国家利益放在首位而又大力参与全球竞争的社会主义国家观,以及把民主法治放在首位而又积极重视道德教化力量的社会主义法治观,社会主义的义利观、国家观和法治观都体现了社会主义核心价值观对世界先进文明成果的去粗取精、去伪存真、兼收并蓄。

### (四)是改革创新精神的时代彰显

改革创新是时代精神的核心,解放思想、实事求是、与时俱进则是改革创新精神的生动体现。建设富强、民主、文明、和谐的社会主义现代化国家需要改革创新精神作为支撑,在过去 40 多年的改革开放进程中,我们依靠改革创新精神,取得了举世瞩目的辉煌成就。而只有继续依靠改革创新精神才能不断发挥民族的生命力、创造力和凝聚力,加快对世界先进水平的赶超步伐;改革创新精神蕴含坚守公平正义的社会价值取向和培育诚信友爱的公民价值准则,实现人民的根本利益、促进人的全面发展是其最终目标。

# 第三章　当代大学生社会主义核心价值观认同的表征研究

表征（representation）是一个古老的概念，最早可以追溯到拉丁词repraesentare 和 represaesentation，其含义是"再现"。表征作为人对世界的一种反映形式，自古希腊时起就受到哲学家的关注。近年来，随着计算机科学和认知心理学的发展，表征成为当代认知科学的核心概念。但在表征的定义上，各个领域却没有形成一致的看法，即使在同一领域，也存在明显的分歧。① 心理学领域认为，表征是心理表象，"根据理论倾向，它可指作刺激的直接图示，刺激的精练，刺激的心理编码，或刺激的抽象特征"②。本书所说的表征，"是一种经反映而被构造出来的、作为认知对象的替代物而存在的在思维中被加工的形式"③。

当代大学生社会主义核心价值观认同是指当代大学生能够自觉运用社会主义核心价值观指导其思想行为，能够将社会主义核心价值观作为其处理各种价值问题时所持的根本立场、观点和态度。那么，到底何谓当代大学生对社会主义核心价值观认同的应然？如何来表征当代大学生的这种根本立场、观点和态度的核心观念？本章着重探讨当代大学生社会主义核心价值观认同的表征因子，以便更好掌握当代大学生社会主义核心价值观认同的现状，增进当代大学生对社会主义核心价值观的认同。

# 第一节　要素分析

当代大学生社会主义核心价值观认同包含三个要素。第一个要素是作为认同主体的当代大学生群体，群体特点决定了其认同力水平不同；第二个要素是作为认同客体的社会主义核心价值观，社会主义核心价值观作为高度概括和凝练的理论，针对不同群体具有不同的解读方式；第三个要素是主客

---

① 刘西瑞.表征的基础[J].厦门大学学报(哲学社会科学版),2005(5).
② 雷伯.心理学词典[Z].李伯黍,等译.上海:上海译文出版社,1996.
③ 刘西瑞.表征的基础[J].厦门大学学报(哲学社会科学版),2005(5).

体之间的互动关系,这里也包含作为反映上层建筑意识形态的核心价值观念的本质属性,它决定了两者之间的关系具有独特性,从而也决定了"何者"对"何种"价值观念的"如何认同"。只有认清了这三个要素的独特性,才能充分认识当代大学生对社会主义核心价值观认同的实质。

## 一、认同主体的本质属性决定了表征建构的现实需求 和认同视角

大学生群体是最有活力、最有求知欲、学习能力最强的青年人群体,他们普遍为独生子女,其成长环境、社会环境、受教育环境伴随着时代变迁发生了很大的变化,其思想特点和行事方法也相应改变。整体而言,他们几乎一直处在物质极度丰富的状态,全球化带来的一系列影响在他们身上都有体现。首先,他们对新鲜事物具备较强的吸纳力和理解力。一方面,他们更加开放和包容;另一方面,他们更容易受到西方不良思潮的影响,如功利主义和个人主义使得他们更注重享受和消费。其次,他们对个人成长表现出更多的自主性和创新性。一方面,他们更加主动地学习更多的新知识;另一方面,他们每天都被信息洪流冲击,网络上大量的负面信息以及追星、炫富等娱乐信息,误导他们互相攀比、爱慕虚荣。最后,他们具有更强的个体意识和更鲜明的个性特征。一方面,他们不再拘泥于传统社会的单一人民偶像,而是产生了多元化的特质崇拜,更加重视自我支配和自我选择;另一方面,中学阶段保姆式、填鸭式的教育模式使得他们还无法实现精神独立,明辨是非的能力还不强。当代大学生群体的这些特征使得他们对社会主义核心价值观的认同力既具有积极的因素,又具有消极的因素。一方面,他们的学习能力强,价值观还没有完全成形,接受新生事物的能力强;另一方面,他们容易受到外界诱惑,遭受不良思潮的冲击。大学生作为价值认同的主体,其群体特征对价值认同的客体即社会主义核心价值观的解构具有方向意义。

## 二、认同客体的异质属性决定了表征建构的现实支撑 和认同内容

社会主义核心价值观为中华民族伟大复兴奠定思想基础、指明前进方向、提供精神支撑,为中国社会发展凝聚共识、指引航向、提供动力,为中国人

民构建精神家园、延续精神血脉、提供精神滋养。它作为实现中国梦的"最大公约数"的价值共识,反映的是最广大人民群众的价值诉求,必然是一个高度凝练和高度完整的价值体系。它针对中国社会不同群体、不同阶层,在具体解读和实施层面必然有不同的内涵和外延。因此,作为认同客体的社会主义核心价值观不可避免地具有异质性。要回答当代大学生"认同什么"的问题,就必须从大学生视角,深刻剖析社会主义核心价值观的切入点和落脚点;要回答当代大学生"如何认同"的问题,就必然要立足大学生的群体特征和现实需求,厘清社会主义核心价值观、中国梦和当代大学生三者之间的辩证关系,为当代大学生认同社会主义核心价值观找到现实支撑和认同内容。

## 三、认同主客体关系的辩证属性决定了表征建构的现实动力和认同进路

价值反映的是主体和客体之间的一种关系,价值认同需要综合考虑主体、客体和主客体关系三个要素。在主客体关系要素方面,要考虑三个层面的辩证关系。第一个层面是由认同主体的本质属性决定的。由于社会不同群体、不同阶层自身特征不同,认知水平存在差异,实践能力也有区别,所以,其对于社会主义核心价值观的理解、认可、接受必然不同,相应的主体实践行为也不相同,因此,对社会主义核心价值观的认同必然要根据认同主体的特征来区别看待。第二个层面是由认同客体的本质属性决定的。社会主义核心价值观作为认同客体,本身是一种价值观念,它既反映了价值目标,又反映了价值标准,还反映了价值评判。社会主义核心价值观的这种本质属性决定了它作用于认同客体和认同主体之间关系的过程性、交错性和变化性。第三个层面是由社会主义本质属性决定的。社会主义核心价值观反映了社会主义的本质属性,也集中体现了中国共产党的价值追求。2013 年 12 月 5 日,习近平在给华中农业大学"本禹志愿服务队"的回信中就指出:"青年一代有理想、有担当,国家就有前途,民族就有希望,实现我们的发展目标就有源源不断的强大力量。"[①]2014 年 5 月 4 日,习近平在北京大学师生座谈会上专门强调,青年要自觉践行社会主义核心价值观。必然地,作为社会主流意识形态

---

① 习近平:青年一代有担当 国家就有前途[EB/OL]. (2013-12-05)[2019-01-01]. http://www.xinhuanet.com/politics/2013-12-05/c_118437252.htm.

的社会主义核心价值观亟须强大的外力作用和影响来推进社会各界的认同,中共中央办公厅2013年12月11日专门颁布的《关于培育和践行社会主义核心价值观的意见》就有力地说明了这一点。因此,认同主体、认同客体和上层建筑三者之间的辩证关系决定了大学生对社会主义核心价值观认同的现实动力和认同进路。

大学生对社会主义核心价值观认同的三个要素相互联系、相互依存、相互作用,青年大学生的群体特征体现了认同主体的本质属性,决定了认同客体的内涵解析的视角,是大学生对社会主义核心价值观认同的前提;社会主义核心价值观的高度凝练体现了认同客体的异质性,决定了主体认同的对象内容,是大学生社会主义核心价值观认同的基础;主客体之间的关系的辩证属性决定了认同的过程,是大学生社会主义核心价值观认同的结果。

# 第二节　主体因素

当代大学生要自觉以社会主义核心价值观指导其思想行为,就必然要认同社会主义核心价值观。认同主要体现在"我"与"我"的关系和"我"与"他者"的关系两个层面。推及价值认同,包含内化为自己的价值取向和标准,外化为实际行动的过程。因此,大学生社会主义核心价值观认同问题归根到底是作为认同主体的大学生群体是否接受、认可社会主义核心价值观所蕴含的理想、信念、尺度、原则的问题,是当代大学生是否在实践中自觉将社会主义核心价值观内化并指导自己行为的问题。社会主义核心价值观作为全国各族人民价值认识的"最大公约数",是一个高度凝练、高度完整的体系,具有丰富的内容和深刻的内涵。而大学生群体作为社会组成部分,有其群体特征,他们对社会主义核心价值观的理解和认同也具有群体特征。

当代大学生作为认同主体具有不同于其他群体的鲜明的价值认同力特征。一方面,他们学习能力强、价值观具有很强的可塑性,他们对新生事物具有强习得性;另一方面,他们的认同力不稳定,容易受到外界的诱惑和冲击,他们还具备这个群体现实的成长需求。认同主体的这些属性决定了理论建构的现实需求和认同视角。

# 第三节　客体因素

　　关于社会主义核心价值观的内涵,前文已经从国家、社会、个人三个层面进行了解读,立足于宏观角度,分别从国家层面提出了国家的价值目标,从社会层面提出了社会主义社会形态和社会制度层面的价值导向,从个人层面提出了社会公民践行的道德规范和价值准则。本章立足微观角度,对社会主义核心价值观进行考察,为构建当代大学生社会主义核心价值观认同的表征理论提供基点。

## 一、社会主义核心价值观与中国梦

　　国家富强、民主、文明、和谐是中华民族伟大复兴的根本表现,是作为社会理想的中国梦;个人幸福不仅仅是个人的富裕,也包括个人在社会生活中获得公平正义对待,与他人和谐共处,是作为个人理想的中国梦。

　　社会主义核心价值观与中国梦统一于中华民族伟大复兴历史征程中,社会主义核心价值观是中国梦的内核驱动并指导和推动全国各族人民共同实现中国梦的宏伟蓝图。

　　社会主义核心价值观是中国梦的价值内核,是中国梦的理论支撑。社会主义核心价值观将追求强国梦想的国家价值目标放在首位,既在内容上与中华民族伟大复兴中国梦相一致,在目标上也实现了统一,不但高度提炼了强国梦想蕴含的主要价值观念,而且从社会和公民等维度提升了中国梦的理论高度;社会主义核心价值观将社会公平正义和公民诚信友爱作为不可或缺的价值取向和准则,实际上更为全面而科学地界定了中国梦中个人幸福的定义、实现途径及其与国家富强的关系,拓展了中国梦的理论向度。

　　社会主义核心价值观是中国梦的思想源泉。社会主义核心价值观根植于中国特色社会主义经济社会发展现实,是我国社会主义制度在意识形态领域的集中体现,其思想来源从根本上来说必须是也只能是与中国特色社会主义制度高度一致的意识形态体系,而这一意识形态体系的核心就是社会主义核心价值观;社会主义核心价值观在形成和发展过程中体现出鲜明的民族特征和时代特征,中国传统文化中的奋斗进取观念、富民强国梦想、谦谦君子之风,时代潮流赋予的改革创新理念、文明交流意识、民主法治思想等都充实与拓展了中国梦的内涵与外延。

中国梦是社会主义核心价值观的伟大实践。中国梦不仅体现中国人民对美好未来的价值追求,而且其本身就是实现梦想的现实路径,中国梦的实践就是对社会主义核心价值观价值目标、价值取向和价值准则的践行。

实现中华民族伟大复兴中国梦必须有明确的方向,社会主义核心价值观从价值目标、价值取向和价值准则三个维度明确了全国人民的奋斗方向,实现经济富强的同时必须维护社会公平正义,实现人民富裕的同时必须维护人际和谐,实现经济社会全面发展的同时必须维护生态文明。以社会主义核心价值观引领实现中国梦的方向,自力更生、艰苦奋斗,走稳中国道路、弘扬中国精神、凝聚中国力量,才能真正实现社会主义条件下全体中国人民的中国梦。

## 二、"五位一体"总体布局与中国梦

党的十八大明确提出:当前我国建设中国特色社会主义的总布局是"五位一体",总任务是实现社会主义现代化和中华民族伟大复兴。习近平总书记在参观"复兴之路"展览时正式提出了实现中华民族伟大复兴的中国梦。那么,"五位一体"总体布局与中国梦之间到底是什么样的关系?

习近平总书记在第十二届全国人民代表大会第一次会议上的讲话中指出:"实现中华民族伟大复兴的中国梦,就是要实现国家富强、民族振兴、人民幸福。"[1]而实现国家富强、民族复兴和人民幸福,就是要抓好经济建设、政治建设、文化建设、社会建设和生态文明建设,是努力实现社会主义现代化和中华民族伟大复兴的总布局。[2]

中国梦和"五位一体"总体布局之间是目标与路径的关系。实现中国梦这个目标,要在中国共产党领导下,按照"五位一体"总体布局,落实好经济、政治、文化、社会、生态文明建设。

---

① 习近平.在第十二届全国人民代表大会第一次会议上的讲话[N].人民日报,2013-03-18.

② 唐志凤,宋剑."中国梦"与"五位一体"之间的关系[J].韶关学院学报,2015(1).

### 三、社会主义核心价值观与五大文明建设

党的十八大报告指出:"建设中国特色社会主义,总依据是社会主义初级阶段,总布局是五位一体,总任务是实现社会主义现代化和中华民族伟大复兴。"①全面落实"五位一体"总体布局是实现中华民族伟大复兴中国梦的具体路径。社会主义核心价值观是立国之本、兴国之魂,是实现中华民族伟大复兴中国梦的力量源泉和内在动力,要渗透于经济建设、政治建设、文化建设、社会建设、生态文明建设的各个方面。

由以上分析可得,社会主义核心价值观是中国梦的内核驱动并指导和推动全国各族人民共同实现中国梦的宏伟蓝图。社会主义核心价值观是中国梦的价值内核,是中国梦的理论支撑,是中国梦的思想源泉。"五位一体"是实现中国梦的路径选择,是实现中国梦的总体布局。

社会主义核心价值观是我国社会主义制度在意识形态领域的集中体现,它通过中国梦的实现途径,即"五位一体"总体布局,贯穿于我国社会主义经济建设、政治建设、文化建设、社会建设、生态文明建设五大方面,并进一步细化为在这五大领域中所体现的意识形态和核心观念,即社会主义经济核心价值观、社会主义政治核心价值观、社会主义文化核心价值观、社会主义社会核心价值观、社会主义生态核心价值观。

## 第四节 表征因子

如前所述,促进当代大学生对社会主义核心价值观的认同,就是要使当代大学生能够自觉运用社会主义核心价值观指导其行为,能够将社会主义核心价值观作为其处理各种价值问题时所持的根本立场、观点和态度。这是大学生对社会主义核心价值观认同的目标,也是大学生社会主义核心价值观认同的应然。这种应然体现在经济、政治、文化、社会、生态五个方面,我们有必

---

① 胡锦涛.坚定不移沿着中国特色社会主义道路前进为全面建成小康社会而奋斗:在中国共产党第十八次全国代表大会上的报告[M].北京:人民出版社,2012:32.

要探寻其表征因子,从而更有效地评估和增进大学生社会主义核心价值观认同。

# 一、经济价值观认同

经济价值观是指"经济行为和经济意识中内含的与经济行为和经济意识有必然联系的价值判断"①。在这里,经济行为包含经济行为本身及由此而产生的结果,经济意识包含经济发展中的经济政策、经济制度、经济法规等。经济价值观也可以理解为是关于经济问题的价值观念体系,"是人们对经济制度、经济关系、经济行为及其结果以及相关经济意识的价值的总的看法和根本态度,是人们对于经济生活中善与恶、利与害等价值问题的基本观点和判断标准"②。当代大学生社会主义核心价值观认同中的经济价值观认同包含对社会主义建设中所体现的经济意识、经济行为和结果的认同。

## （一）经济意识认同

经济意识是指经济主体在促进经济发展过程中所制定、实施、贯彻的经济政策、经济制度、经济法规等体现主体价值观念的意识。经济学家诺思(Douglass C. North)曾说:"如果没有一种明确的意识形态理论或知识社会学,那么,我们在说明无论资源的现代配置还是历史变迁的能力上就存在着无数的困境。"③经济富强是中国特色社会主义经济的核心价值,共同富裕是社会主义基本价值取向。体现在经济意识层面,是坚持社会主义市场经济,巩固和发展公有制经济,鼓励、支持和引导非公有制经济;是发挥市场在资源配置中的基础性作用,建立完善的宏观调控体系,调整经济结构,转变经济发展方式,促进经济又好又快发展,等等。大学生对社会主义核心经济意识的认同,表现为对社会主义市场经济的认同,对公有制为主体、多种所有制经济共同发展这一基本经济制度的认同,对调整经济结构、转变经济发展方式等经济政策的认同,对遵守市场经济相关政策、法规的认同,对市场行为中诚实

---

① 宫敬才.论经济价值观[J].学海,2000(1).
② 林媛红.建构与社会主义市场经济相适应的经济价值观[J].理论学刊,2005(3).
③ 诺思.经济史中的结构与变迁[M].陈郁,罗华平,等译.上海:上海三联书店,1991:51.

守信、义利兼顾、互惠共赢的观念的认同,等等。

### (二)经济行为和结果认同

马克思的经济价值观把人性的完善发展和彻底解放作为经济发展的根本宗旨,强调为全人类谋福祉;同时,马克思把生产力原则和唯物史观结合在一起,把生产至上主义转化为实现人道目标的工具和手段;把生产力原则和人本原则结合起来,表现为以经济规律为依托,生产力高度发展基础上的经济人本主义的辩证的经济价值观,其基本要点是兼顾效率和公平。① 经济富强作为社会主义经济核心价值观,基本含义有两方面,一是生产力的解放,二是生产关系的进步。生产力的解放与生产关系的进步高度统一于社会主义经济价值观的建构与完善中。体现在经济行为中,则是要处理好效率与公平的关系。在经济行为中,效率优先,就会损失公平;公平优先,势必会降低效率。大学生对社会主义经济核心价值观的认同,体现在经济行为和结果的认同上,就是对经济行为过程中"效率优先,兼顾公平"的认同,就是对经济行为的分配公平和国民财富分配公平原则的认同。

## 二、政治价值观认同

政治价值观"作为一种系统存在,是政治价值观念、政治行为准则、政治评价活动的内在组合"②。政治价值观作为人们政治生活的一般准则,具有全面性、深刻性、科学性等特征。

政治价值观认同是人们内心深处产生的一种对现存政治价值观的情感和意识上的归属感。③ 政治价值观念作为政治思想的核心体现,是政治价值观认同的基础和前提;政治制度作为政治行为准则的操作规范,是政治行为准则的物化体现,是政治价值观认同的主要内容;政党作为现代国家治理的直接主体,是政治评价活动的重要客体,是政治价值观认同的直接对象。本书认为,大学生对社会主义核心价值观认同中的政治价值观认同体现在以下

---

① 刘仁营.重申马克思的经济人本主义:马克思经济价值观的心路历程[J].探索, 2006(4).

② 万斌.万斌文集(第4卷):政治哲学[M].杭州:杭州出版社,2004:111.

③ 程波辉.转型期中国政治认同重构的研究[J].求实,2008(2).

三个方面。

## （一）政治观念认同

政治价值观首先是一种观念，是人们在社会生活中逐步积淀、升华而形成的反映政治价值关系的各种具体见解、观点和态度等；是政治思想的集中体现。社会主义政治价值观的核心和价值目标是民主法治、公平正义。社会主义政治上层建筑的实质是人民民主，人民民主是社会主义的生命，社会主义的本质决定了人民的主体地位，《中华人民共和国宪法》第二条明确规定中华人民共和国的一切权力属于人民。因此，也只有社会主义才能真正实现"多数人"的民主。公平是政治文明的评价标准，正义是政治生活的道德准则，法治是公平正义的具体体现和有力保障。"如何组成良善的共同体（国家、民族、政党、团体等人群的组合），是人类政治生活的本源性要求。人类为了组成良善的共同体，就需要遵循一定的原则。这种原则可以有很多，但其中最核心的就是公平正义。"①当代大学生社会主义政治核心价值观念的认同体现在对政治生活中民主、公平、正义、法治观念的认同，具体体现为对社会主义的认同，对人民当家作主观念的认同，对依法治国观念的认同，对制度和程序公平正义的认同，等等。

## （二）政治制度认同

制度是政治价值体系的落脚点，政治制度是政治价值观的外在体现。政治价值观认同的核心是对政治制度的认同。政治制度"是在一定历史条件下，一个国家所形成的一系列政治规范和准则，它包括对国家政权性质、政权的组织形式、国家的结构形式、国家的权力分配与实际运作方面的各种规范的总和"②。民主作为社会主义核心价值观的重要价值理念，不仅是一种国家政治制度形式，而且贯穿于政治制度的实施过程中，例如民主管理、民主决策等，使政治制度的执行公正公平。大学生对社会主义核心价值观中政治价值观的认同，在政治制度认同方面，体现为对社会主义的根本制度和基本制度的认同，对参政议政的方式、中华人民共和国法律制度的认同，等等。

---

① 虞崇胜.公平正义：社会主义核心政治价值的精髓[J].湖北社会科学，2010(9).
② 丁志刚.政治价值研究论纲[J].政治学研究，2004(3).

### (三)政党认同

"政党既是政治活动主体按照一定原则和方式而集结的力量,又作为政治活动主体的社会结合方式,构成政治活动的工具。"①政党作为一个阶级、集团的政治组织,在国家更替、政治变革、社会发展、经济提升等各方面都发挥着重要作用。坎贝尔(Angus Campbell)在《美国的选民》中首次提到了政党认同,表述为:"个体在其所处环境中对重要的群体目标的情感倾向。"②本书的政党认同是指对中国共产党的认同,包括对中国共产党的宗旨、理念、组织形式、队伍构成和操作形式的认同。当代大学生对社会主义政治核心价值观的认同也体现在对中国共产党的认同,对党的领导、党的执政方针、党的政策等的认同。

## 三、文化价值观认同

文化有广义和狭义之分。广义上,"文化作为人类在一定生态、自然环境中的选择,是人在长期的对象化活动中,通过改造客体环境、改造主体自我而达到的历史积淀"③。狭义上,文化与政治、经济、思想以及道德、民族、家庭一样,作为特定的社会关系,汇入"一切社会关系的总和"。

文明是社会主义文化的核心价值观,社会主义核心价值观视野下的文明是指具有中国特色的社会主义文明。体现在文化价值层面,其包含对社会主义先进文化的发展、对社会主义精神文明建设的加强和对社会主义文化强国目标的坚持。社会主义文化核心价值观既是社会主义先进文化的体现,也是对中国优秀传统文化的继承和升华;既是对西方先进文化的兼收并蓄,也体现时代特色。大学生社会主义文化核心价值观认同体现在对社会主义先进文化的认同,对中国优秀传统文化的认同,对西方先进文化的认同,对改革创新时代精神的认同,等等。

---

① 万斌.万斌文集(第4卷):政治哲学[M].杭州:杭州出版社,2004:105.

② Campbell A. The American Vote[M]. New York:John Willey & Sons,1960:121.

③ 万斌.万斌文集(第4卷):政治哲学[M].杭州:杭州出版社,2004:176.

### (一)社会主义先进文化认同

社会主义核心价值观是社会主义意识形态的核心,是社会主义制度在思想和精神层面的本质规定,凝结着社会主义先进文化的精髓,是中国特色社会主义道路、理论体系和制度的价值表达,是实现中国梦的价值引领。所以,大学生对社会主义核心价值观的认同,在文化层面的体现,就是对社会主义先进文化的认同,对马克思主义中国化理论成果的认同,对社会主义精神文明的认同,等等。

时代在发展,社会在进步,人们的观念也在发生改变,社会主义核心价值观随着社会主义建设而不断发展、完善。改革创新精神是彰显当今时代特色的一种精神,大学生对社会主义文化核心价值观的认同,体现在对自强不息、锐意进取精神的认同,对改革开放政策的认同,对改革开放40多年来取得成果的认同,等等。

### (二)中国优秀传统文化认同

"对传统文化中适合于调理社会关系和鼓励人们向上向善的内容,我们要结合时代条件加以继承和发扬,赋予其新的含义。"①社会主义核心价值观扎根于中华传统文化的丰厚土壤之中,继承和弘扬优秀传统美德,是社会主义核心价值观的基本特征。2014年5月4日,习近平在北京大学师生座谈会上引用《大学》中的语句,阐明核心价值观就是一种"德",既是个人的德,也是社会的德和国家的德。他从国家治理层面、个人行为层面一一列举了中华优秀传统文化,强调了"民惟邦本""天人合一"等传统理念永不褪色,值得我们中国人继承和发扬。他说,一个民族、一个国家,必须知道自己是谁,从哪里来,到哪里去。中国优秀传统文化也得到西方的认同,一位诺贝尔奖获得者于1998年在巴黎说:"人类要在21世纪继续生存下去,就必须要回到2500年前,去吸收孔子的智慧。"②因此,大学生对社会主义核心价值观的认同,体现在文化层面,很重要的一点就是要认同中国优秀传统文化,就是要增强文化

---

① 习近平谈中华优秀传统文化:善于继承才能善于创新[EB/OL].(2018-05-23)[2019-01-01].https://www.sohu.com/a/232624630_711929.

② 教育部思想政治工作司.社会主义核心价值观青少年读本[M].北京:人民出版社,2014:63.

自信——越是民族的,越是世界的。

### (三)西方先进文化认同

亨廷顿认为:"20世纪,交通和通信的改善以及全球范围内的相互依赖,极大地提高了排斥的代价。除了一些想要维持基本生计的小而孤立的农村社区外,在一个现代化开始占压倒性优势和高度相互依赖的世界里,完全拒绝现代化和西方化几乎是不可能的。"[①]改革开放不仅体现在市场经济领域,也体现在政治、文化等领域。而且,恰恰由于文化具有能够与外来文化对话和沟通,并在吸收借鉴外来文化基础上保持自身稳定性的独特适应力,使得文化开放常常成为不同国家或者不同民族开展交往的敲门砖。社会主义核心价值观具有对外来文明的包容性,文化的开放源自文化自信。大学生社会主义文化核心价值观认同体现为对西方先进文化的认同,对文化开放心态和行为的认同,等等。

## 四、社会价值观认同

"当人类个体有了自我意识以后,就有了自我与他人以及群体的'分裂'。……为了处理因为这种'分裂'带来的社会后果,不同的社会价值观就应运而生。"[②]社会价值观是相对于个人价值观而言的,一般是指人们对社会存在的总体性评价以及建立在此评价基础上的社会交往规范。本书讨论的社会价值观,是社会主义核心价值观中体现在社会层面的核心价值观,与政治价值观、经济价值观、文化价值观相区分。构建和谐社会是社会主义和谐价值观的社会核心价值,社会是由个人组成的,社会和谐的根本体现就是作为主体的个人在社会这个共同体中和谐存在。这种和谐存在表现在三个方面:一是人与自身的和谐相处,二是人与人的和谐相处,三是人与社会的和谐相处。大学生对社会主义社会核心价值观的认同即对社会和谐的价值观的认同,对个体在社会共同体中和谐存在的价值的认同。

---

① 亨廷顿.文明的冲突与世界秩序的重建[M].周琪,等译.北京:新华出版社,1998:64.

② 吴向东.价值观的核心问题及其解答的前提批判[J].马克思主义与现实,2010(1).

## （一）人与社会和谐认同

社会主义及其制度为"和谐社会"奠定了政治和制度基础,在马克思、恩格斯构建的未来的共产主义社会中,人的全面自由发展是和谐社会的核心价值取向。社会由个人组成,个人也不可能脱离社会孤立存在。人与社会的和谐相处是构建和谐社会的根本。在社会主义核心价值观社会层面的核心价值体现中,自由是社会主义社会的价值追求,平等是社会主义社会重要的原则,公正是社会主义社会的本质要求,法治是治国理政的方式,其根本目的是促进社会和谐。大学生对个人与社会和谐相处的价值认同体现在对爱好和平的认同,对热爱祖国的认同,对遵纪守法的认同,对爱护公物的认同,对集体主义和个人主义关系的认同,对追求社会主义公平正义的认同,对奉献社会的认同,等等。

## （二）人与他人和谐认同

社会主义核心价值观的社会和谐价值是促进人的自由全面发展,而人的全面发展首先是人的社会关系的全面发展。一个人从出生到成长再到离开这个世界,其一生都不可避免地要与其他人相处,扮演多种角色,每一种角色都意味着在社会中与他人的链接。在这些社会关系的链接过程中,个人得以成长和发展。马克思说:"一个人的发展取决于他直接或间接进行交往的其他一切人的发展。"①人与他人和谐相处是一个人建立良好社会关系的前提,是社会主义社会核心价值观的根本体现。大学生对社会主义社会核心价值观的认同,在人与他人和谐相处的认同方面,体现为对尊师重道、尊老爱幼、助人为乐、诚实守信、团结友善、爱岗敬业等社会道德观念的认同。

## （三）人与自身和谐认同

如前所述,个体认同是指个体对自我的肯定、接受和悦纳,是个体在时空上确立自己是同一个人的觉察和意识。一个人对自我的认同是其产生社会认同的前提和基础。一个人能和自己的内心和谐相处,意味着他能够正确认识自己的优点和缺点,正确认识自己与他人的区别,并且能够接受这样的自己,并努力完善自己的人格。一个人能与自己的身体和谐相处,意味着他能善待、爱护自

---

① 　马克思恩格斯全集(第 46 卷)[M].北京:人民出版社,2003:109.

己的身体,使自己拥有健康的体魄。一个人只有具备完善的人格和健康的体魄,只有充分认识自己并且悦纳自己,才能进一步地全面发展自己。所以,人与自身的和谐是人实现全面发展的前提。社会主义核心价值观体现的社会核心价值观是和谐,根本价值取向是追求人的自由全面发展,必须以人与自身的和谐相处为基础。大学生对社会主义核心价值观体现的社会核心价值观的认同,体现为对自信乐观、勤学求知、崇德修身、明辨是非等品质的认同。

## 五、生态价值观认同

恩格斯在《自然辩证法》中深刻指出:"我们不要过分陶醉于我们对自然界的胜利。对于每一次这样的胜利,自然界都报复了我们。"①虽然恩格斯早已预测人类对自然界大肆攫取的后果所在,但是近代以来,随着社会的发展,资源逐步短缺,人类对自然的破坏愈演愈烈。人类的生存环境面临极大的挑战,各种问题凸显。

生态价值观是人们在认识和处理人与自然关系时所持的价值意识、态度和观念。生态价值观认同体现在人与自然的关系、人对地球资源的态度和人的生活方式三个层面的认同。

### (一)人与自然和谐观认同

人类和自然的关系问题是生态价值观的核心问题。人类中心主义认为,人类是自然界的中心,具有唯一内在价值,自然界是为人类所用的,只具有工具价值。人类中心主义造成了人类对自然界的破坏,也使人类尝到了自己种下的苦果。自然中心主义消解了人类的主体价值,认为人类应该以自然为尺度来对待自然,把保护自然环境和维护生态平衡当作人类行为的最高价值目标。这两种观点都存在缺陷。

社会主义核心价值观的最终指向是人的全面自由发展,显然,不能抹杀人的主体地位。在人与自然的关系中,社会主义核心价值观主张人与自然和谐相处。"与其说人类是自然的主人,不如说他是自然共同体的一个成员。"②在认可人的主体地位的前提下,人类充分尊重自然、善待地球,人与自然和谐

---

① 恩格斯.自然辩证法[M].北京:人民出版社,1971:158.
② 马克思.1844年经济学哲学手稿[M].北京:人民出版社,2000:58.

相处,这是社会主义生态核心价值观的根本体现。大学生对社会主义生态核心价值观的认同就是对人与自然和谐关系观的认同,体现为对尊重自然的认同,对环境保护的认同,对善待地球的认同,等等。

### (二)理性资源观认同

如果说人与自然和谐相处是社会主义生态价值观的根本指向,那么理性资源观则是生产关系与自然和谐相处的具体体现。物质文明建设需要以生产力的发展为前提,生产关系和生产力的发展要相适应。

当下,世界上很多国家面临能源紧缺、资源枯竭的困境,能源成为国家之间、地区之间争夺的重要砝码。而这一切,源于人类对地球资源的掠夺性开发和无节制使用。传统观念认为,资源取之不尽,用之不竭,于是,人们以粗放式的经济行为来追求短期利益,不考虑可持续发展,造成对资源的严重浪费和破坏。今天,人们已经意识到资源是有限的,主张理性利用现有资源。社会主义核心价值观在生态层面的体现之一就是理性的资源观,即加大对自然生态系统和环境的保护力度、加强生态文明建设。大学生对社会主义生态核心价值观的认同,就是对理性资源观的认同,就是对节约资源的认同、对节能降耗的认同。

### (三)低碳消费观认同

现代人的生活往往陷入过度消费的虚无中,使得资源被严重浪费、环境被严重污染、生态被严重破坏。

低碳经济一词最早出现于 2003 年英国政府发布的《我们能源的未来:创建低碳经济》白皮书中。此后,"低碳"和"低碳经济"日益风靡世界。不可否认,低碳经济是未来国家经济发展的最优模式之一,对于人类迈向生态文明社会具有里程碑意义。可以预测,"低碳"将越来越多介入人们的日常生活,改变人们的生活方式和消费行为。"低碳"立足于人类的现实需要和长远利益,也顾及个人的生活质量和全面发展,为人们提供了客观的价值目标和价值评价标准,具有强烈的人文关怀。[1] 对于国家而言,"低碳"意味着转变经济发展方式,优化经济结构,发展先进的技术;对于企业而言,"低碳"意味着节能减排,转型升级;对于个人来说,"低碳"意味着反对浪费、理性消费、厉行节约,意味着选择一种全新的

---

① 王现东.基于低碳理念的生态价值观批判与重构[J].求索,2012(1).

生活方式。大学生对社会主义生态核心价值观的认同,体现在对低碳消费观的认同,对低碳生活的认同,对理性消费的认同,等等。

　　综上,本书认为,当代大学生社会主义核心价值观认同是当代大学生在社会生活中产生的对社会主义核心价值观及其在国家、社会、个人层面的运作在认知、感情和意识上的归属感,以及在经济、政治、文化、社会、生态各个方面的价值取向和相应的行为活动。其表征因子体现在五个方面:经济价值观认同、政治价值观认同、文化价值观认同、社会价值观认同和生态价值观认同。基于此,本书构建了当代大学生社会主义核心价值观认同的表征因子理论模型。

# 第四章  当代大学生社会主义核心价值观认同的表征因子模型的实证研究

正如前文分析,当代大学生社会主义核心价值观认同是一个多维概念,具有丰富的内涵,笔者在第三章进行了理论阐述,还需要进行考察验证。本章根据笔者的理论假设,设计调查问卷,利用问卷调查、专家访谈等方法,进一步验证大学生社会主义核心价值观认同表征因子体现的 5 个维度,以及当代大学生社会主义核心价值观认同的评价指标。本章通过对浙江省多所高校 2000 名大学生的问卷调查和数据分析,验证当代大学生社会主义核心价值观认同的表征因子理论假设,并较为客观地把握浙江省高校大学生社会主义核心价值观认同的基本情况,为高校更有效地开展社会主义核心价值观认同培育提供理论依据,为政府和培育部门决策提供有益参考。

# 第一节　理论假设

在第三章的基础上,提出本书的理论模型和假设。

首先,针对当代大学生社会主义核心价值观认同的表征因子模型,提出假设 1。

假设 1:大学生社会主义核心价值观认同的表征因子分为经济价值观认同、政治价值观认同、文化价值观认同、社会价值观认同和生态价值观认同五个方面。

其次,针对大学生社会主义核心价值观认同的表征因子评价指标的确定,提出假设 2。

假设 2a:经济价值观认同指标包括经济意识认同、经济行为和结果认同。

假设 2b:政治价值观认同指标包括政治观念认同、政治制度认同、政党认同。

假设 2c:文化价值观认同包括社会主义先进文化认同、中国优秀传统文化认同、西方先进文化认同。

假设 2d:社会价值观认同包括人与社会和谐认同、人与他人和谐认同、人与自身和谐认同。

假设 2e：生态价值观认同包括人与自然和谐观认同、理性资源观认同、低碳消费观认同。

# 第二节　问卷初测

在理论假设基础上，运用田野调查和访谈法来开展大学生社会主义核心价值观认同的表征因子模型实证研究。经过问卷编制、问卷调查、访谈，运用统计软件对数据进行统计分析（分析方法包括因子分析、$t$ 检验分析、方差分析），较为深入地探究了变量之间的关联和规律，以此来验证该模型。

根据文献资料、访谈资料等，结合本书的理论假设，将大学生社会主义核心价值观认同的表征因子分为 5 个方面，即大学生社会主义经济价值观认同、大学生社会主义政治价值观认同、大学生社会主义社会价值观认同、大学生社会主义文化价值观认同、大学生社会主义生态价值观认同。5 个维度各设10 道题目，其假设命名见表 4.1。

表 4.1　大学生社会主义核心价值观认同 5 个维度命名

| 维度 | 具体内容 | 题目序号 |
|---|---|---|
| 经济价值观认同 | 经济意识认同 | 1—3,7—8 |
| | 经济行为和结果认同 | 4—6,9—10 |
| 政治价值观认同 | 政治观念认同 | 11—15 |
| | 政治制度认同 | 16—18 |
| | 政党认同 | 19—20 |
| 文化价值观认同 | 社会主义先进文化认同 | 21—22,29—30 |
| | 中国优秀传统文化认同 | 23—25 |
| | 西方先进文化认同 | 26—28 |
| 社会价值观认同 | 人与社会和谐认同 | 31—36 |
| | 人与他人和谐认同 | 37—38 |
| | 人与自身和谐认同 | 39—40 |

| 维度 | 具体内容 | 题目序号 |
|---|---|---|
| 生态价值观认同 | 人与自然和谐观认同 | 41—44 |
| | 理性资源观认同 | 47—48 |
| | 低碳消费观认同 | 45—46,49—50 |

　　问卷共由两部分组成。第一部分是被调查者的基本情况,包括性别、民族、是否为学生干部、年级、专业、政治面貌、生源地、家庭月均收入和原就读中学性质。第二部分是主表,包括5个分量表,分别为社会主义经济价值观认同、社会主义政治价值观认同、社会主义文化价值观认同、社会主义社会价值观认同、社会主义生态价值观认同5个方面,共计50道题目。其中,35道题目为正向设计,采用五点量表自评,从"非常同意""同意""不知道""不同意"到"非常不同意",分值各为5分、4分、3分、2分、1分;另外15道题目为反向设计,同样从"非常同意""同意""不知道""不同意"到"非常不同意",分值各为5分、4分、3分、2分、1分。

　　问卷完成后,笔者邀请专家学者、学生思想政治工作的一线工作者、相关专业的研究生、学生骨干等对问卷进行了评阅和反馈,最后形成本次研究的初步测试问卷。

　　2014年10月,笔者随机抽取浙江大学、中国美术学院、浙江工业大学的学生,发放问卷500份,共回收477份。样本基本情况见表4.2。

表4.2　样本基本情况

| 项目 | | 频次/人 | 频率/% |
|---|---|---|---|
| 性别 | 男生 | 231 | 48.4 |
| | 女生 | 246 | 51.6 |
| | 总计 | 477 | 100.0 |
| 政治面貌 | 共产党员 | 209 | 43.8 |
| | 共青团员 | 241 | 50.5 |
| | 群众 | 27 | 5.7 |
| | 总计 | 477 | 100.0 |

续　表

| 项目 | | 频次/人 | 频率/% |
|---|---|---|---|
| 年级 | 大一 | 187 | 39.2 |
| | 大二 | 96 | 20.1 |
| | 大三 | 65 | 13.6 |
| | 大四 | 55 | 11.5 |
| | 大五(五年制) | 10 | 2.1 |
| | 研究生 | 64 | 13.4 |
| | 总计 | 477 | 100.0 |

首先,对调查的有效数据进行项目分析。根据总分高低,对高分组和低分组进行 $t$ 检验,结果发现,所有题项与总分相关均达到显著水平。因此,适合进行因素分析。

调查由 5 个分量表组成,分别是社会主义经济价值观认同、社会主义政治价值观认同、社会主义文化价值观认同、社会主义社会价值观认同、社会主义生态价值观认同。针对以上 5 个量表,运用 SPSS 20.0 进行探索性因素分析。

根据以下标准逐步剔除项目:剔除共同度低于 0.30 的题项;剔除因素负荷值小于 0.40 的题项;剔除同时在多个因素上负荷均高于 0.40 的题项;每个共同因素包含的题项少于 3 个,只有 1 题或者 2 题;题项与所在因素的其他题项的意义差异很大,归类不当。

其次,对 5 个量表下的各个因子进行 KMO 样本测度和 Bartlett's 球形检验,用以考察模型的拟合度。采取以下标准解释 KMO 值大小:0.5 以下,不适合;0.5~0.6,很勉强;0.6~0.7,不太适合;0.7~0.8,适合;0.8~0.9,很适合;0.9 以上,非常适合。[1]

第一,经济价值观认同。如表 4.3 所示,KMO 值为 0.709,显著性为 0.000,表明经济价值观认同的模型拟合度较好,因素有差异,适合做因子分析。

---

[1]　吴明隆.问卷统计分析实务:SPSS 操作与应用[M].重庆:重庆大学出版社,2010:195-236.

表 4.3　KMO 样本测度和 Bartlett's 球形检验

| KMO 样本测度 | | 0.709 |
|---|---|---|
| Bartlett's 球形检验 | 卡方检验 | 6032.235 |
| | $df$ | 89 |
| | $Sig.$ | 0.000 |

　　对经济价值观认同进行因子分析,得到经济价值观认同由两个维度组成,解释的总方差为 69.314%。通过正交旋转得旋转成分矩阵(见表 4.4),

表 4.4　旋转成分矩阵

| 题项 | 成分 | |
|---|---|---|
| | 1 | 2 |
| 经济价值观认同 6 | 0.830 | |
| 经济价值观认同 7 | 0.797 | |
| 经济价值观认同 5 | 0.795 | |
| 经济价值观认同 3 | | 0.725 |
| 经济价值观认同 4 | | 0.712 |
| 经济价值观认同 2 | | 0.615 |
| 经济价值观认同 1 | | 0.571 |

　　根据探索性因素分析的剔除原则,剔除 3 个不符合题项,得出 2 个因子:因子 1,包括第 5、6、7 题,结合题项内容和已有假设,将其命名为经济行为认同;因子 2,包括第 1、2、3、4 题,结合题项内容和已有假设,将其命名为经济意识认同。
　　第二,政治价值观认同。如表 4.5 所示,KMO 值为 0.727,显著性为0.000,表明政治价值观认同的模型拟合度较好,因素有差异,适合做因子分析。

表 4.5　KMO 样本测度和 Bartlett's 球形检验

| KMO 样本测度 | | 0.727 |
|---|---|---|
| Bartlett's 球形检验 | 卡方检验 | 3631.558 |
| | $df$ | 354 |
| | $Sig.$ | 0.000 |

　　对政治价值观认同进行因子分析,得到政治价值观认同由两个维度组成,解释的总方差为 61.788%。通过正交旋转得旋转成分矩阵(见表 4.6)。

表 4.6　旋转成分矩阵

| 题项 | 成分 | |
|---|---|---|
| | 1 | 2 |
| 政治价值观认同 7 | 0.820 | |
| 政治价值观认同 5 | 0.751 | |
| 政治价值观认同 6 | 0.747 | |
| 政治价值观认同 2 | 0.737 | |
| 政治价值观认同 4 | | 0.816 |
| 政治价值观认同 3 | | 0.809 |
| 政治价值观认同 1 | | 0.797 |

根据探索性因素分析的剔除原则,剔除 3 个不符合题项,得出 2 个因子,分别为:因子 1,包括第 2、5、6、7 题,结合题项内容,将其命名为政党和政治制度认同;因子 2,包括第 1、3、4 题,结合题项内容,将其命名为政治观念认同。

第三,文化价值观认同。如表 4.7 所示,KMO 值为 0.889,显著性为0.000,表明文化价值观认同的模型拟合度很好,因素有差异,适合做因子分析。

表 4.7　KMO 样本测度和 Bartlett's 球形检验

| KMO 样本测度 | | 0.889 |
|---|---|---|
| Bartlett's 球形检验 | 卡方检验 | 7428.331 |
| | $df$ | 90 |
| | $Sig.$ | 0.000 |

由表 4.8 可以看出,文化价值观拟合度很好,为单维度,总体解释方差为76.9%。

表 4.8　旋转成分矩阵

| 题项 | 成分 |
|---|---|
| | 1 |
| 文化价值观认同 2 | 0.689 |
| 文化价值观认同 4 | 0.778 |
| 文化价值观认同 5 | 0.670 |
| 文化价值观认同 6 | 0.876 |
| 文化价值观认同 1 | 0.804 |
| 文化价值观认同 3 | 0.753 |
| 文化价值观认同 7 | 0.764 |

第四,社会价值观认同。如表 4.9 所示,KMO 值为 0.739,显著性为0.000,表明社会价值观认同的模型拟合度很好,因素有差异,适合做因子分析。

表 4.9　KMO 样本测度和 Bartlett's 球形检验

| KMO 样本测度 | | 0.739 |
| --- | --- | --- |
| Bartlett's 球形检验 | 卡方检验 | 5647.102 |
| | $df$ | 87 |
| | Sig. | 0.000 |

对社会价值观认同进行因子分析,得到社会价值观认同由两个维度组成,解释的总方差为 58.506%。通过正交旋转得旋转成分矩阵(见表 4.10)。

表 4.10　旋转成分矩阵

| 题项 | 成分 | |
| --- | --- | --- |
| | 1 | 2 |
| 社会价值观认同 4 | 0.782 | |
| 社会价值观认同 5 | 0.763 | |
| 社会价值观认同 3 | 0.688 | |
| 社会价值观认同 2 | 0.659 | |
| 社会价值观认同 6 | | 0.830 |
| 社会价值观认同 7 | | 0.794 |
| 社会价值观认同 1 | | 0.773 |

根据探索性因素分析的剔除原则,剔除 3 个不符合题项,得出 2 个因子,分别为:因子 1,包括第 2、3、4、5 题,结合题项内容,将其命名为社会和谐认同;因子 2,包括第 1、6、7 题,结合题项内容,将其命名为个人修养认同。

第五,生态价值观认同。如表 4.11 所示,KMO 值为 0.873,显著性为0.000,表明生态价值观认同的模型拟合度很好,因素有差异,适合做因子分析。

表 4.11　KMO 样本测度和 Bartlett's 球形检验

| KMO 样本测度 | | 0.873 |
| --- | --- | --- |
| Bartlett's 球形检验 | 卡方检验 | 7649.083 |
| | $df$ | 96 |
| | Sig. | 0.000 |

对生态价值观认同进行因子分析,得到生态价值观认同为单维度(见表 4.12),解释的总方差为 62.069%。

表 4.12　旋转成分矩阵

| 题项 | 成分 |
| --- | --- |
| | 1 |
| 生态价值观认同 1 | 0.896 |
| 生态价值观认同 4 | 0.877 |
| 生态价值观认同 6 | 0.762 |
| 生态价值观认同 7 | 0.764 |
| 生态价值观认同 2 | 0.796 |
| 生态价值观认同 5 | 0.809 |
| 生态价值观认同 3 | 0.842 |

在此基础上,再次征求专家意见,得出正式问卷,剔除 15 个题项,剩余 35 个题项,形成大学生社会主义核心价值观认同正式问卷。

# 第三节　正式问卷测试

通过对浙江省高校 1500 名大学生的实证研究,进一步验证本书的模型假设。

本书运用观察法、访谈法、调查法和文献法。在广泛阅读和梳理已有文献基础上,形成当代大学生社会主义核心价值观认同的表征模型,并在初测问卷基础上,形成本次调查问卷。问卷共分为两个部分,第一部分为被调查者基本信息,第二部分为问卷主体部分,共 35 个题项,采用五点量表自评,"非常同意""同意""不知道""不同意""非常不同意"对应分值分别为 5 分、4 分、3 分、2 分、1 分。

## 一、问卷调查的有效性控制

### 1.样本选择

样本选择采用随机抽样法,选取浙江省内具有一定代表性的高校,随机抽样调查,由学生不记名自主回答。

2.问卷发放途径

问卷采取现场发放的形式,分别在教室、寝室、图书馆发放问卷,并设置填写说明,以便被调查者更好理解问卷内容。

3.问卷发放方式

调查问卷经历了小规模发放、初步测试、访谈、修改问卷设计的过程后,再进行大规模发放,进行数据采集。

# 二、问卷调查及统计分析

## (一)问卷调查情况

2015 年 3 月,采用随机调查法,选取浙江省内高校(浙江大学、浙江工业大学、中国美术学院、浙江科技学院、浙江理工大学、温州医科大学、浙江中医药大学、浙江农林大学)的大学生,发放问卷 1500 份,收集到 1485 份样本数据。利用问卷中设计的甄别项,筛选出合格样本 1423 个,有效问卷回收率达到 94.9%。运用 SPSS 20.0 对数据进行统计分析。样本基本情况见表 4.13。

表 4.13　样本基本情况

| | | 频次/人 | 频率/% | | | 频次/人 | 频率/% |
|---|---|---|---|---|---|---|---|
| 性别 | 男 | 623 | 43.78 | 民族 | 汉族 | 1360 | 95.57 |
| | 女 | 800 | 56.22 | | 少数民族 | 63 | 4.43 |
| 学生干部 | 是 | 658 | 46.24 | 年级 | 大一 | 327 | 22.98 |
| | 否 | 765 | 53.76 | | 大二 | 565 | 39.70 |
| 专业 | 人文社科类 | 458 | 32.19 | | 大三 | 138 | 9.70 |
| | 理工类 | 861 | 60.51 | | 大四 | 221 | 15.53 |
| | 艺术类 | 104 | 7.31 | | 大五(五年制) | 7 | 0.49 |
| 政治面貌 | 共产党员 | 249 | 17.50 | | | | |
| | 共青团员 | 1115 | 78.36 | | 研究生 | 165 | 11.60 |
| | 群众 | 59 | 4.15 | | | | |

续　表

| | | 频次/人 | 频率/% | | | 频次/人 | 频率/% |
|---|---|---|---|---|---|---|---|
| 生源地 | 县城及以上城市 | 708 | 49.75 | 家庭月均收入 | 1000 元以下 | 126 | 8.85 |
| | 乡镇或农村 | 673 | 47.29 | | 1000～3000 元 | 367 | 25.79 |
| | 少数民族聚居区 | 42 | 2.95 | | 3000～6000 元 | 420 | 29.52 |
| 中学性质 | 重点中学 | 936 | 65.78 | | 6000～10000 元 | 282 | 19.82 |
| | 普通中学 | 473 | 33.24 | | 10000～20000 元 | 150 | 10.54 |
| | 民族中学 | 14 | 0.98 | | 20000 元及以上 | 78 | 5.48 |

从性别上来看,男女比例均衡;从年级分布来看,大一、大二、大三、大四、研究生都占有一定比例;从生源地来看,县城及以上城市、乡镇或农村比例均衡,还有一部分来自少数民族聚居区;从民族分布来看,以汉族居多,这也符合浙江省省情;从政治面貌来看,共青团员居多,中共党员比例也符合目前高校学生党员总体比例情况;从是否担任学生干部来看,担任学生干部和没担任学生干部比例均衡;从家庭月均收入来看,各个层次都占相当比例,具有代表性。

本次调查涉及专业较多,为便于分析,分为三类,其中人文社科类包括经济学、法学、哲学、教育学、文学、历史学、管理学等,共 458 人;理工类包括理学、工学、农学、医学等,共 861 人;艺术类包括艺术学等,共 104 人。从专业分布来看,理工类占比较大,也比较符合浙江省大学生的学科分布情况。

## (二)问卷信效度检验

本书采用内部一致性系数(克朗巴哈系数)作为问卷信度检验的指标。本书对1423 份有效问卷所获取的信息进行要素的 Alpha 信度分析,结果见表4.14。

表 4.14　当代大学生社会主义核心价值观认同表征模型正式问卷的信度系数

| 克朗巴哈系数 | 项数 |
|---|---|
| 0.900 | 35 |

从表 4.14 可以看出:问卷 35 个变量的内部一致性信度系数为 0.900,大于 0.6,表明问卷量表的信度非常好,问卷各层题目之间有较高的内部一致性,信度指标良好,作为当代大学生社会主义核心价值观认同的表征测量工

具稳定可信。

问卷的效度分析,选择单项与总和的相关系数来测量问卷的效度,结果见表 4.15。

表 4.15　当代大学生社会主义核心价值观认同表征模型正式问卷的结构效度检验

| 动因变量 | 与因素和的相关性 |
| --- | --- |
| 社会主义市场经济 | 0.406＊＊ |
| 共同富裕观 | 0.407＊＊ |
| 现代企业制度 | 0.405＊＊ |
| 收入分配制度 | 0.437＊＊ |
| 市场活动原则 | 0.384＊＊ |
| 经济法律体系 | 0.430＊＊ |
| 经济结构和发展方式 | 0.459＊＊ |
| 民主 | 0.447＊＊ |
| 社会主义民主政治 | 0.466＊＊ |
| 根治腐败 | 0.432＊＊ |
| 公平正义 | 0.427＊＊ |
| 国家治理体系 | 0.483＊＊ |
| 党的执政地位 | 0.455＊＊ |
| 党的执政方针 | 0.478＊＊ |
| 文化与强盛 | 0.469＊＊ |
| 吸收优秀传统文化 | 0.490＊＊ |
| 中国文化的世界化 | 0.438＊＊ |
| 吸收借鉴西方先进文化 | 0.434＊＊ |
| 辩证对待西方文化 | 0.346＊＊ |
| 民族精神 | 0.427＊＊ |
| 改革开放与文化繁荣创新 | 0.476＊＊ |
| 集体与个人 | 0.430＊＊ |
| 爱国需要理智 | 0.441＊＊ |
| 和谐社会风气 | 0.432＊＊ |
| 文明与社会公德 | 0.460＊＊ |

续 表

| 动因变量 | 与因素和的相关性 |
|---|---|
| 友好社会交往 | 0.435** |
| 完善人格与健康体魄 | 0.433** |
| 个人修养的先天与后天 | 0.427** |
| 人与自然的关系 | 0.425** |
| 保护环境是人类共同福祉 | 0.409** |
| 资源可持续开发 | 0.465** |
| 绿色出行方式 | 0.415** |
| 可持续发展观 | 0.437** |
| 低碳生活观 | 0.477** |
| 理性消费与勤俭节约 | 0.457** |

注:** 表示该相关系数在 0.01 水平上显著。

如表 4.15 所示,通过将每个变量与因素和分别进行相关分析,发现各个单项与总和在 0.01 水平上显著相关,表明各项问题列入因子分析具有可靠性。

## (三)因子分析

对调查问卷中的 35 个指标的评价结果进行因子分析,输出结果见表 4.16。

表 4.16  KMO 样本测度和 Bartlett's 球形检验

| KMO 样本测度 | | 0.926 |
|---|---|---|
| Bartlett's 球形检验 | 卡方检验 | 20127.554 |
| | $df$ | 595 |
| | $Sig.$ | 0.000 |

从表 4.16 可以看出,KMO 值为 0.926,根据 KMO 度量标准可知,该组数据非常适合进行因子分析。同时,Bartlett's 球形检验的 $p$ 值为 0.000,说明数据具有相关性,适合进行因子分析。

本书采用主成分分析法获取初始的因子分析结果,然后用正交旋转中的方差最大法对初始因子进行旋转,选择特征值大于 1 的因子,并根据较高因子负载的变量对因子命名。

分别对初始因子解的方差、提取因子解的方差和旋转因子解的方差解释进行分析。表 4.17 列示了初始因子解中特征根大于 1 的 7 个公共因子,其累计方差贡献率为 60.124%。随后对 7 个因子提取和旋转,重新分配各个因子解释原有变量的方差,使得因子的方差更为接近也更容易解释(见表 4.18)。

表 4.17　旋转成分矩阵

| | 成分 | | | | | | |
|---|---|---|---|---|---|---|---|
| | 1 | 2 | 3 | 4 | 5 | 6 | 7 |
| 和谐社会风气 | 0.823 | | | | | | |
| 友好社会交往 | 0.783 | | | | | | |
| 爱国需要理智 | 0.773 | | | | | | |
| 文明与社会公德 | 0.764 | | | | | | |
| 集体与个人 | 0.732 | | | | | | |
| 个人修养的先天与后天 | 0.720 | | | | | | |
| 完善人格与健康体魄 | 0.687 | | | | | | |
| 绿色出行方式 | | 0.739 | | | | | |
| 可持续发展观 | | 0.713 | | | | | |
| 低碳生活观 | | 0.706 | | | | | |
| 理性消费与勤俭节约 | | 0.695 | | | | | |
| 保护环境是人类共同福祉 | | 0.678 | | | | | |
| 人与自然的关系 | | 0.658 | | | | | |
| 资源可持续开发 | | 0.567 | | | | | |
| 民族精神 | | | 0.722 | | | | |
| 中国文化的世界化 | | | 0.651 | | | | |
| 改革开放与文化繁荣创新 | | | 0.628 | | | | |
| 文化与强盛 | | | 0.603 | | | | |
| 辩证对待西方文化 | | | 0.586 | | | | |
| 吸收优秀传统文化 | | | 0.546 | | | | |
| 吸收借鉴西方先进文化 | | | 0.563 | | | | |
| 党的执政地位 | | | | 0.740 | | | |

续　表

| | 成分 | | | | | | |
|---|---|---|---|---|---|---|---|
| | 1 | 2 | 3 | 4 | 5 | 6 | 7 |
| 社会主义民主政治 | | | | 0.693 | | | |
| 党的执政方针 | | | | 0.692 | | | |
| 国家治理体系 | | | | 0.563 | | | |
| 经济结构和发展方式 | | | | | 0.735 | | |
| 市场活动原则 | | | | | 0.730 | | |
| 经济法律体系 | | | | | 0.729 | | |
| 根治腐败 | | | | | | 0.765 | |
| 公平正义 | | | | | | 0.786 | |
| 民主 | | | | | | 0.688 | |
| 共同富裕观 | | | | | | | 0.723 |
| 社会主义市场经济 | | | | | | | 0.709 |
| 现代企业制度 | | | | | | | 0.622 |
| 收入分配制度 | | | | | | | 0.601 |

表 4.18　解释的总方差

| 成分 | 初始特征值 | | | 提取平方和载入 | | | 旋转平方和载入 | | |
|---|---|---|---|---|---|---|---|---|---|
| | 合计 | 方差百分比/% | 累计百分比/% | 合计 | 方差百分比/% | 累计百分比/% | 合计 | 方差百分比/% | 累计百分比/% |
| 1 | 8.866 | 25.333 | 25.333 | 8.866 | 25.333 | 25.333 | 4.509 | 12.884 | 12.884 |
| 2 | 5.366 | 15.331 | 40.664 | 5.366 | 15.331 | 40.664 | 4.178 | 11.936 | 24.820 |
| 3 | 1.816 | 5.189 | 45.852 | 1.816 | 5.189 | 45.852 | 3.390 | 9.685 | 34.506 |
| 4 | 1.480 | 4.228 | 50.081 | 1.480 | 4.228 | 50.081 | 2.578 | 7.365 | 41.871 |
| 5 | 1.372 | 3.919 | 54.000 | 1.372 | 3.919 | 54.000 | 2.259 | 6.453 | 48.324 |
| 6 | 1.125 | 3.215 | 57.215 | 1.125 | 3.215 | 57.215 | 2.114 | 6.041 | 54.365 |
| 7 | 1.018 | 2.909 | 60.124 | 1.018 | 2.909 | 60.124 | 2.016 | 5.759 | 60.124 |

　　由表 4.17、表 4.18 可以看出:相比旋转前的因子载荷矩阵,旋转后的因子的含义更为清楚,也更易于类别化。根据问卷的问题内容对应因子载荷,对提取的因子与问卷设计的理论模型进行对比,按因子载荷从大到小,可见

因子1与理论模型中的社会价值观完全对应,包括人与社会和谐、人与他人和谐等方面;因子2与理论模型中的生态价值观完全对应,包括人与自然和谐观、理性资源观和低碳消费观等方面;因子3与理论模型中的文化价值观完全对应,包括社会主义先进文化、中国优秀传统文化、西方先进文化;因子4与理论模型中的政治价值观部分对应,可归纳为政党和制度观;因子5与经济价值观部分对应,包含经济发展方式、经济活动原则、经济法规等,可归纳为经济行为观;因子6与政治价值观部分对应,可归纳为政治意识观;因子7与经济价值观部分对应,包含经济制度、共同富裕观、收入分配制度等,可归纳为经济意识观。由此提炼的7个因子可以命名为社会价值观、生态价值观、文化价值观、政党和制度观、经济行为观、政治意识观、经济意识观。

由于政党和制度、政治意识2个因子都属于政治价值观的范畴,且经济行为、经济意识也同属于经济价值观的范畴,因此该统计结果契合于当代大学生社会主义核心价值观认同的表征模型,仍然可以从经济、政治、文化、社会、生态5个方面构建。其中社会价值观包括人与社会和谐、人与他人和谐;生态价值观包括人与自然和谐观、理性资源观和低碳消费观;文化价值观包括社会主义先进文化、中国优秀传统文化、西方先进文化;政治价值观包括政党、政治制度和政治意识;经济价值观包括经济意识和经济行为。

## 三、研究结论

通过对浙江省多所高校1500名大学生的问卷调查数据分析,从实证视角进一步验证了当代大学生社会主义核心价值观认同的表征模型的理论假设,并验证了当代大学生社会主义核心价值观认同表征模型。

第一,当代大学生社会主义核心价值观认同的表征模型成立,具体表征因子包括经济价值、政治价值、文化价值、社会价值和生态价值认同5个方面。经济价值观认同指标包括经济意识、经济行为和结果认同;政治价值观认同指标包括政治观念、政治制度、政党认同;文化价值观认同指标包括社会主义先进文化、中国优秀传统文化、西方先进文化认同;社会价值认同指标包括人与社会和谐、人与他人和谐、人与自身和谐认同;生态价值观认同指标包括人与自然和谐观、理性资源观、低碳消费观认同。

第二,本书编制的问卷可以用来测试当代大学生社会主义核心价值观认同评价指标。

# 第四节　浙江省大学生社会主义核心价值观认同的现状分析

根据当代大学生社会主义核心价值观认同表征模型和评价指标,对浙江省大学生社会主义核心价值观认同现状进行分析,以期了解浙江省大学生社会主义核心价值观认同现状。

## 一、数据分析结果

### (一)浙江省大学生社会主义核心价值观认同现状

运用 SPSS 20.0 对数据进行统计分析,得出以下结论。

第一,社会主义经济价值观认同度较高,集中体现为对当前正在实行的经济行为的认同。社会主义经济价值观认同分为经济意识认同和经济行为认同两个维度,笔者采用均值来研究浙江省大学生社会主义经济价值观认同的具体情况,见表 4.19。

表 4.19　浙江省大学生社会主义经济价值观认同基本情况

| 题项 | 选项/% | | | | | 均值 |
|---|---|---|---|---|---|---|
| | 完全同意 | 同意 | 不知道 | 不同意 | 完全不同意 | |
| 1.坚持和发展社会主义市场经济是建设富强中国的必经之路 | 54.7 | 39.3 | 4.1 | 1.3 | 0.5 | 4.46 |
| 2.只有将中国建设成为经济富强的国家,才能实现国民的共同富裕 | 51.4 | 38.9 | 5.1 | 4.1 | 0.6 | 4.36 |
| 3.要建立产权清晰、责权明确、政企分开、管理科学的现代企业制度 | 50.2 | 35.3 | 10.6 | 3.7 | 0.2 | 4.32 |
| 4."效率优先,兼顾公平"的收入分配制度在现阶段仍然适用且应该坚持 | 42.1 | 33.8 | 11.9 | 10.1 | 2.0 | 3.96 |
| 5.市场活动参与者应秉持诚实守信、义利兼顾、互惠共赢的原则 | 57.0 | 37.6 | 4.5 | 0.8 | 0.1 | 4.51 |

| 题项 | 选项/% | | | | | 均值 |
|---|---|---|---|---|---|---|
| | 完全同意 | 同意 | 不知道 | 不同意 | 完全不同意 | |
| 6.经济基础决定上层建筑,上层建筑反作用于经济基础;因此,完善和发展社会主义市场经济,需建立与之相适应的完善的法律制度体系 | 55.2 | 38.7 | 5.1 | 0.8 | 0.1 | 4.48 |
| 7.我国经济发展中存在的不平衡、不协调、不可持续等问题依然突出,需要进一步调整经济结构、转变经济发展方式 | 49.5 | 42.5 | 5.2 | 2.3 | 0.5 | 4.38 |

由表 4.19 可见,大学生对经济价值观的认同均值为 4.35,其中对经济意识的认同均值为 4.28,对经济行为的认同均值为 4.46,可见大学生对经济行为的认同度较高。当代大学生对目前我国经济领域内的经济行为普遍认同,例如高度认同"市场活动参与者应秉持诚实守信、义利兼顾、互惠共赢的原则"、建立与社会主义市场经济相适应的法律制度体系、"调整经济结构、转变经济发展方式"等经济行为、经济规则、经济发展方式。相比之下,大学生对"效率优先,兼顾公平"的分配制度、国家经济富强才能实现国民共同富裕、建立现代企业制度的认同度要低一些,说明大学生对经济制度、经济政策等经济意识方面的认同需要加强,大学生在财富分配领域的价值观念趋向多元化。

第二,社会主义政治价值观认同度较高,集中表现为对当前我国政治制度的认同。社会主义政治价值观认同分为政治观念认同和政治制度认同、政党认同三个维度,笔者采用均值来研究浙江省大学生社会主义政治价值观认同的具体情况,见表 4.20。

表 4.20　浙江省大学生社会主义政治价值观认同基本情况

| 题项 | 选项/% | | | | | 均值 |
|---|---|---|---|---|---|---|
| | 完全同意 | 同意 | 不知道 | 不同意 | 完全不同意 | |
| 1.民主是人类共同追求的价值,但在不同时期,不同国家对民主存在不同的理解,民主政治的适应性也不同 | 36.3 | 33.6 | 15.7 | 8.6 | 5.8 | 3.86 |
| 2.社会主义民主政治是符合中国国情、实现人民当家作主的最佳途径 | 47.8 | 29.9 | 18.1 | 3.1 | 1.1 | 4.02 |

**续　表**

| 题项 | 选项/% | | | | | 均值 |
|---|---|---|---|---|---|---|
| | 完全同意 | 同意 | 不知道 | 不同意 | 完全不同意 | |
| 3. 遏制腐败要从制度层面加以改进 | 37.2 | 32.1 | 22.3 | 5.6 | 2.8 | 3.95 |
| 4. 公平正义具有历史性和相对性,应逐步实现社会的公平正义 | 35.9 | 35.4 | 13.1 | 10.1 | 5.5 | 3.86 |
| 5. 建设"法治中国",要在完善和发展中国特色社会主义的基础上,实现国家治理体系和治理能力现代化,实现依法治国 | 52.9 | 38.0 | 6.8 | 1.8 | 0.6 | 4.26 |
| 6. 中国共产党是中国唯一合法的执政党,党的领导是实现依法治国的基本前提 | 48.7 | 28.6 | 14.3 | 6.5 | 2.0 | 3.95 |
| 7. 从建设"和谐社会"到"法治中国",是党的执政方针不断与时俱进、科学完善的体现 | 53.5 | 35.5 | 8.7 | 2.0 | 0.3 | 4.22 |

　　由表4.20可以看出:大学生对政治价值观认同的均值为4.02,其中对政治观念认同的均值为3.89,对政党和政治制度认同的均值为4.11。可见大学生对政治价值观的认同有待提高,对政治观念的认同要低于对政党和政治制度的认同。大学生对社会主义民主政治符合中国国情、在完善和发展中国特色社会主义的基础上建设"法治中国"、从"和谐社会"到"法治中国"是党执政方针不断科学完善的体现等的认同度相对较高。对"民主是人类共同追求的价值,但在不同时期,不同国家对民主存在不同的理解,民主政治的适应性也不同""公平正义具有历史性和相对性,应尽力而为又量力而行,逐步实现社会的公平正义"的认同度较低,表明大学生对民主、公平正义等政治观念的理解还需要加强。

　　第三,社会主义文化价值观认同度较高,集中表现为对中国优秀传统文化的认同。社会主义文化价值观认同分为社会主义先进文化认同、中国优秀传统文化认同和西方先进文化认同3个维度,笔者采用均值来研究浙江省大学生社会主义文化价值观认同的具体情况,见表4.21。

表 4.21　浙江省大学生社会主义文化价值观认同基本情况

| 题项 | 选项/% | | | | | 均值 |
|---|---|---|---|---|---|---|
| | 完全同意 | 同意 | 不知道 | 不同意 | 完全不同意 | |
| 1.文化的衰落是一个民族衰落的重要原因,文化的强盛也是一个民族强盛的重要因素 | 49.0 | 44.8 | 3.8 | 2.1 | 0.3 | 4.40 |
| 2.中华民族优秀传统文化和社会主义先进文化是中国梦实现的思想源泉和精神动力 | 53.6 | 37.9 | 7.5 | 0.8 | 0.1 | 4.28 |
| 3.民族的即是世界的,我们不仅要继承和发扬中国优秀传统文化,还要努力让中国文化走向世界 | 50.1 | 42.5 | 5.3 | 1.8 | 0.3 | 4.40 |
| 4.我们应以开放的心态借鉴和吸收西方先进文化成果 | 52.6 | 37.1 | 6.3 | 3.2 | 0.9 | 4.22 |
| 5.对待西方文化应采取辩证态度,避免西方文化糟粕通过网络等新媒体对青年人进行侵蚀和渗透 | 47.9 | 36.3 | 7.4 | 6.0 | 2.3 | 4.10 |
| 6.改革创新、自强不息、锐意进取是当代中国人仍需保有的精神状态 | 53.1 | 40.9 | 4.8 | 0.9 | 0.4 | 4.45 |
| 7.改革开放为我国带来了经济增长、社会兴盛、文化繁荣,我们应对改革开放道路加以坚持和创新 | 48.0 | 46.2 | 3.7 | 1.5 | 0.5 | 4.40 |

　　由表 4.21 可见,大学生的社会主义核心文化价值观认同的均值为 4.32,只有一个维度。从均值看,大学生对"文化的衰落是一个民族衰落的重要原因,文化的强盛也是一个民族强盛的重要因素""民族的即是世界的,我们不仅要继承和发扬中国优秀传统文化,还要努力让中国文化走向世界""改革创新、自强不息、锐意进取是当代中国人仍需保有的精神状态"等的认同度较高,可见大学生对中国优秀传统文化、社会主义先进文化的认同度较高。相比之下,大学生对西方先进文化的认同度还需进一步提升。

　　第四,社会主义社会价值观认同度较高,集中表现为对和谐社会建设的认同。社会主义社会价值观认同分为人与社会和谐认同、人与他人和谐认同、人与自身和谐认同三个维度,笔者采用均值来研究浙江省大学生社会主义社会价值观认同的具体情况,见表 4.22。

表 4.22  浙江省大学生社会主义社会价值观认同基本情况

| 题项 | 选项/% | | | | | 均值 |
|---|---|---|---|---|---|---|
| | 完全同意 | 同意 | 不知道 | 不同意 | 完全不同意 | |
| 1.个人的发展与成就离不开集体的力量 | 49.2 | 28.0 | 9.0 | 8.0 | 5.9 | 4.06 |
| 2.爱国需要理智,打砸日货等行为属于盲目爱国,不利于社会和谐 | 47.6 | 43.6 | 4.7 | 3.2 | 0.8 | 4.30 |
| 3.尊师重道、尊老爱幼、助人为乐的社会风气应进一步弘扬 | 48.0 | 46.4 | 4.2 | 1.1 | 0.2 | 4.41 |
| 4.社会的文明与和谐,离不开每个公民的社会责任感与社会公德 | 52.8 | 19.9 | 15.8 | 7.9 | 3.6 | 4.10 |
| 5.在社会交往中友好和睦、友善谦让是一种美德,有时候吃亏是福 | 56.4 | 29.7 | 9.4 | 3.7 | 0.8 | 4.11 |
| 6.完善的人格和健康的体魄是取得一切成就的基础 | 47.8 | 43.5 | 5.5 | 2.3 | 0.9 | 4.31 |
| 7.一个人的品质和修养可以靠后天的培养形成 | 41.5 | 39.1 | 9.4 | 6.0 | 4.0 | 4.08 |

由表 4.22 可见:大学生对社会价值观认同的均值为 4.20,其中社会和谐认同均值为 4.23,个人修养认同均值为 4.15,两者差别不大。大学生对"爱国需要理智,打砸日货等行为属于盲目爱国,不利于社会和谐""尊师重道、尊老爱幼、助人为乐的社会风气应进一步弘扬""完善的人格和健康的体魄是取得一切成就的基础"等的认同度较高,对"个人的发展与成就离不开集体的力量""一个人的品质和修养可以靠后天的培养形成"等的认同度相对较低。

第五,社会主义生态价值观认同度较高,集中表现为对环境保护的高度认同。社会主义生态价值观认同分为人与自然和谐观认同、理性资源观认同和低碳生活观认同三个维度,笔者采用均值来研究浙江省大学生社会主义生态价值观认同的具体情况,见表 4.23。

表 4.23　浙江省大学生社会主义生态价值观认同基本情况

| 题项 | 选项/% | | | | | 均值 |
|---|---|---|---|---|---|---|
| | 完全同意 | 同意 | 不知道 | 不同意 | 完全不同意 | |
| 1. 人类不是自然的主人，不能为所欲为 | 53.9 | 41.7 | 2.7 | 1.3 | 0.3 | 4.48 |
| 2. 保护环境是人类共同的福祉，也是造福后代的优良举措 | 55.8 | 39.8 | 3.5 | 0.6 | 0.4 | 4.50 |
| 3. 矿产、石油等都是不可再生资源，不应过度开采 | 52.0 | 43.2 | 3.1 | 0.9 | 0.8 | 4.45 |
| 4. 我愿意选择绿色出行方式，为消除雾霾出一份力 | 46.4 | 46.1 | 5.6 | 1.8 | 0.2 | 4.37 |
| 5. 万事都应有限度，过犹不及。对资源的开发与利用也是一样，应在合理范围内 | 47.3 | 46.3 | 4.6 | 1.5 | 0.2 | 4.39 |
| 6. 生活中很多能源浪费的现象是可以通过举手之劳避免的，关键在于养成低碳生活的观念与习惯 | 48.6 | 46.1 | 4.1 | 1.0 | 0.2 | 4.42 |
| 7. 理性消费、勤俭节约是优良的生活品质 | 55.6 | 39.1 | 3.6 | 1.0 | 0.7 | 4.48 |

由表 4.23 可知，大学生对生态价值观认同的均值为 4.44，只有一个维度，是五个领域中认同度最高的。而且在生态环境保护、人与自然和谐观、低碳生活观等方面，大学生的认同度都较高。

从统计结果和提取因子也可以发现，当代大学生对社会价值观和生态价值观的认同度较高且较为统一，对政治价值观和经济价值观的认同存在分歧。而政治领域和经济领域恰好是受到各类价值观冲击最多的领域，也是当代大学生最为关注的领域。因此，开展大学生核心价值观培育，应重点关注对大学生政治价值观和经济价值观的培育。

## （二）浙江省大学生社会主义核心价值观认同的偏相关分析

为了进一步分析浙江省大学生的性别、学生干部经历、年级、专业、政治面貌、生源地、家庭月均收入、高中学校性质等社会学因素对大学生社会主义核心价值观认同是否有影响以及影响程度，本书对采集数据进行偏相关分析。

首先,从成分得分系数矩阵(见表 4.18)中得出 7 个因子的得分(由 SPSS 20.0 自动生成),并结合每个因子的因子载荷得到每个样本的综合得分。即:

$$F = (12.884 \times FAC_1 + 11.936 \times FAC_2 + 9.685 \times FAC_3 + 7.365 \times FAC_4 + 6.453 \times FAC_5 + 6.041 \times FAC_6 + 5.759 \times FAC_7) \div 60.124$$

其次,对每个样本求出加权平均综合得分。公式如下:

$$V_i = \frac{F_i - F_{imin}}{F_{imax} - F_{imin}} \times 100$$

最终得到每个样本的社会主义核心价值观认同标准化得分,见表 4.24。

表 4.24 综合得分

| 编号 | $FAC_1$ | $FAC_2$ | $FAC_3$ | $FAC_4$ | $FAC_5$ | $FAC_6$ | $FAC_7$ | 综合得分 $F$ |
|---|---|---|---|---|---|---|---|---|
| 1 | -2.39754 | 3.06103 | 0.74514 | -1.27991 | -0.57329 | 2.68617 | 1.55106 | 68.18273 |
| 2 | -0.79750 | 2.06564 | 1.12702 | 0.33803 | 0.14663 | -0.08963 | -1.92674 | 62.66755 |
| 3 | -0.97598 | 2.84629 | -1.83736 | -0.43205 | -0.11698 | -0.22824 | 1.90395 | 57.12325 |
| 4 | -1.47301 | 0.65857 | -1.64881 | -0.69980 | -0.91799 | -1.14001 | -0.81509 | 15.42123 |
| 5 | -2.60941 | 0.44398 | -0.98684 | -0.07608 | 0.48319 | -0.24497 | -1.16856 | 19.81496 |
| ... | | | | | | | | |
| ... | | | | | | | | |
| 1420 | 1.74618 | -0.56826 | -0.58949 | -1.13341 | -0.39436 | -0.90123 | -0.31861 | 44.81173 |
| 1421 | 1.12175 | -0.78891 | -0.75696 | -1.02289 | -0.54016 | 1.22343 | -0.04426 | 46.21648 |
| 1422 | 1.36260 | -0.65413 | -0.83457 | -1.07020 | 0.04908 | -0.68894 | -1.22181 | 38.49773 |
| 1423 | 1.00389 | 0.70504 | -0.96339 | -0.51357 | 0.76038 | 0.34924 | 1.50431 | 67.48850 |

在控制其他变量的情况下,将综合得分 $F$ 分别与性别、学生干部经历、年级、专业、政治面貌、生源地、家庭月均收入、高中学校性质等进行偏相关分析,结果见表 4.25。

表 4.25 综合得分与身份信息相关性

| 身份信息 | 与综合得分 $F$ 的相关性 |
|---|---|
| 性别 | 0.040 |
| 学生干部经历 | -0.113** |
| 年级 | 0.002 |

| 身份信息 | 与综合得分 $F$ 的相关性 |
|---|---|
| 专业 | 0.065* |
| 政治面貌 | −0.164** |
| 生源地 | 0.030 |
| 家庭月均收入 | −0.049* |
| 高中学校性质 | −0.029 |

注:**表示该相关系数在 0.01 水平上显著,*表示在 0.05 水平上显著。

由表 4.25 可见,大学生对社会主义核心价值观的认同与政治面貌、学生干部经历呈显著的弱相关,党员、学生干部的综合得分较高;与专业、家庭月均收入在 0.05 的显著性水平下呈较弱的相关性;与性别、年级、生源地和高中学校性质等无关。

## 二、研究结论与分析

本次调查表明,浙江省大学生的社会主义核心价值观认同情况总体良好,我们按照 5 个维度分别取均值。由表 4.26 可知,浙江省大学生社会主义价值观认同的 5 个维度的均值得分都较高,且均值较为平均。其中,生态核心价值观认同度最高,均值为 4.44,说明当代大学生环保意识强,对我国的生态环境、生态现状等较为了解,并且认同环境保护与个人行为休戚相关。其次是经济价值观,均值为 4.35,表明浙江省大学生对于我国当下改革开放过程中所采取的一系列经济政策较为认同,也表明浙江省大学生的经济意识较强。这可能与浙江省经济发展较快、民营经济蓬勃发展、创新创业氛围浓厚等外部环境有关。再次为文化价值观,均值为 4.32,说明浙江省大学生对中国优秀传统文化、社会主义先进文化较为认同。社会价值观认同均值为4.20,说明浙江省大学生具有社会和谐意识,认同个人与社会、个人与他人、个人与自身的和谐相处是社会和谐的保证。政治价值观认同均值为 4.02,说明浙江省大学生对社会主义政治制度、政党、政治观念较为认同。

表 4.26　大学生社会主义核心价值观认同均值

| 维度 | 均值 |
|------|------|
| 经济价值观 | 4.35 |
| 政治价值观 | 4.02 |
| 文化价值观 | 4.32 |
| 社会价值观 | 4.20 |
| 生态价值观 | 4.44 |

　　由表 4.27 可以看出,浙江省大学生大多认同社会主义经济建设中应该秉持的核心价值观,例如"市场活动参与者应秉持诚实守信、义利兼顾、互惠共赢的原则""经济基础决定上层建筑,上层建筑反作用于经济基础;因此,完善和发展社会主义市场经济,需建立与之相适应的完善的法律制度体系""坚持和发展社会主义市场经济是建设富强中国的必经之路"。"保护环境是人类共同的福祉,也是造福后代的优良举措""人类不是自然的主人,不能为所欲为""理性消费、节俭节约是优良的生活品质""矿产、石油等都是不可再生资源,不应过度开采",这几项的均值排名也靠前,说明浙江省大学生对社会主义生态价值观的认同度很高。这充分说明了浙江省大学生成熟、理性的一面。

表 4.27　浙江省大学生社会主义核心价值观认同最高的选项(前 8 项)

| 题项 | 选项/% | | | | | 均值 |
|------|------|------|------|------|------|------|
| | 完全同意 | 同意 | 不知道 | 不同意 | 完全不同意 | |
| 1.市场活动参与者应秉持诚实守信、义利兼顾、互惠共赢的原则 | 57 | 37.6 | 4.5 | 0.8 | 0.1 | 4.51 |
| 2.保护环境是人类共同的福祉,也是造福后代的优良举措 | 55.8 | 39.8 | 3.5 | 0.6 | 0.4 | 4.50 |
| 3.经济基础决定上层建筑,上层建筑反作用于经济基础;因此,完善和发展社会主义市场经济,需建立与之相适应的完善的法律制度体系 | 55.2 | 38.7 | 5.1 | 0.8 | 0.1 | 4.48 |
| 4.人类不是自然的主人,不能为所欲为 | 53.9 | 41.7 | 2.7 | 1.3 | 0.3 | 4.48 |

| 题项 | 选项/% | | | | | 均值 |
|---|---|---|---|---|---|---|
| | 完全同意 | 同意 | 不知道 | 不同意 | 完全不同意 | |
| 5.理性消费、勤俭节约是优良的生活品质 | 55.6 | 39.1 | 3.6 | 1.0 | 0.7 | 4.48 |
| 6.坚持和发展社会主义市场经济是建设富强中国的必经之路 | 54.7 | 39.3 | 4.1 | 1.3 | 0.5 | 4.46 |
| 7.改革创新、自强不息、锐意进取是当代中国人仍需保有的精神状态 | 53.1 | 40.9 | 4.8 | 0.9 | 0.4 | 4.45 |
| 8.矿产、石油等都是不可再生资源,不应过度开采 | 52.0 | 43.2 | 3.1 | 0.9 | 0.8 | 4.45 |

同时,调查中显示出来的浙江省大学生社会主义核心价值观认同方面存在的问题也不容忽视(见表 4.28)。总体来看,浙江省大学生对中国特色社会主义认识不足,马克思主义信仰不够坚定,对中国共产党执政能力信任不够,对个人与集体的关系认识不深,等等。

**表 4.28　浙江省大学生社会主义核心价值观认同最低的选项(前 8 项)**

| 题项 | 选项/% | | | | | 均值 |
|---|---|---|---|---|---|---|
| | 完全同意 | 同意 | 不知道 | 不同意 | 完全不同意 | |
| 1.民主是人类共同追求的价值,但在不同时期,不同国家对民主存在不同的理解,民主政治的适应性也不同 | 36.3 | 33.6 | 15.7 | 8.6 | 5.8 | 3.86 |
| 2.公平正义具有历史性和相对性,应逐步实现社会的公平正义 | 35.9 | 35.4 | 13.1 | 10.1 | 5.5 | 3.86 |
| 3.中国共产党是中国唯一合法的执政党,党的领导是实现依法治国的基本前提 | 48.7 | 28.6 | 14.3 | 6.5 | 2.0 | 3.95 |
| 4.遏制腐败要从制度层面加以改进 | 37.2 | 32.1 | 22.3 | 5.6 | 2.8 | 3.95 |
| 5."效率优先,兼顾公平"的收入分配制度在现阶段仍然适用且应该坚持 | 42.1 | 33.8 | 11.9 | 10.1 | 2.0 | 3.96 |

续　表

| 题项 | 选项/% | | | | | 均值 |
|---|---|---|---|---|---|---|
| | 完全同意 | 同意 | 不知道 | 不同意 | 完全不同意 | |
| 6.社会主义民主政治是符合中国国情、实现人民当家作主的最佳途径 | 47.8 | 29.9 | 18.1 | 3.1 | 1.1 | 4.02 |
| 7.个人的发展与成就离不开集体的力量 | 49.2 | 28.0 | 9.0 | 8.0 | 5.9 | 4.06 |
| 8.一个人的品质和修养可以靠后天的培养形成 | 41.5 | 39.1 | 9.4 | 6.0 | 4.0 | 4.08 |

　　大学生对"民主是人类共同追求的价值,但在不同时期,不同国家对民主存在不同的理解,民主政治的适应性也不同"认同度最低,对"社会主义民主政治是符合中国国情、实现人民当家作主的最佳途径"的认同度较低。究其原因,当前大部分大学生忙于学业,对于政治理论自觉学习不够,这也从侧面说明了当前大学生思想政治教育工作的重要性和紧迫性。

　　大学生对"公平正义具有历史性和相对性,应逐步实现社会的公平正义"的认同度较低,对"'效率优先,兼顾公平'的收入分配制度在现阶段仍然适用且应该坚持"的认同度也较低,说明大学生对马克思主义公平观、正义观的理解不够深刻。

　　大学生对"中国共产党是中国唯一合法的执政党,党的领导是实现依法治国的基本前提"和"遏制腐败要从制度层面加以改进"的认同度较低。这应该引起党和政府的高度重视。大学生作为思维活跃的青年群体,对执政党的期待较高,对中国共产党内部的腐败、当前曝光的各种问题的容忍度较低。

　　大学生对"个人的发展与成就离不开集体的力量"和"一个人的品质和修养可以靠后天的培养形成"的认同度较低,说明大学生对个人与集体之间关系的紧密性、依赖性的认识不同于以往。当下的大学生大部分是独生子女,追求个性,对团队、集体的认识较为模糊,这也从侧面解释了为何当前大学生的理想信念不够坚定,在自我追求中很难把个人发展与国家发展相统一。同时,社会的功利化倾向也影响了大学生的认知,使得当前很多大学生片面追求外在的荣誉而很少关注内在修养的提升。

　　上述问题需要引起各方面的高度重视。大学生处于价值观塑造期,如果加以正确、科学的教育和引导,其完全有可能改变一些有失公允的甚至是错误的观念,增强对社会主义核心价值观的认同。

# 第五章　当代大学生社会主义核心价值观认同的机理研究

　　分析当代大学生社会主义核心价值观认同的影响因素及影响机理,对于促进当代大学生对社会主义核心价值观的全面、深刻的认同,具有重要指导意义。

　　在化学动力学中,"机理"是指从原子的结合关系中来描绘化学过程,是指一定的系统结构中各要素的内在工作方式以及诸要素在一定环境条件下相互联系、相互作用的运行规则和原理。应用到其他领域,机理是指事物变化的理由和道理。① 当代大学生对社会主义核心价值观的认同受到多方面因素的影响,本书把这些影响因素分为个体内在层面的影响因素和社会、家庭、学校等外在层面的影响因素;这些因素相互之间的作用机制则构成了认同的过程。

　　本章从三个方面深入展开:第一,分析当代大学生社会主义核心价值观认同的个体影响因素,包括"当代大学生"这个认同主体的特征、当代大学生价值观念发展的内在需求和基本特点;第二,分析当代大学生社会主义核心价值观认同的社会层面影响因素,包括家庭、学校、社会等方面的影响因素;第三,分析影响因素对于当代大学生社会主义核心价值观认同的作用机制和过程。②

# 第一节　个体内在的影响因素

## 一、当代大学生的群体特征

　　当代大学生普遍为独生子女,由于时代特征和生活环境的变化,其思想

---

　　①　程凯,吴大华.马克思主义中国化的创新机理研究[J].中国社会科学院研究生院学报,2012(1).

　　②　卢军霞.当代大学生对社会主义核心价值观的认同机理分析[J].高等工程教育研究,2014(增刊).

特点和行事方法也呈现出相应的特点。如今,曾饱受舆论压力的一代正在逐渐成长为我国社会不可忽视的一股力量,他们对新鲜事物具备较强的吸纳力和理解力,对个人成长表现出更多的自主性和创新性,在面对重大社会事件时也显示出了爱国主义精神和一定的政治敏锐性,这些特点的凸显使得舆论的声音开始发生变化,社会也对其成长与成才产生了更强的信心。

总体来说,当代青年大学生的身上具备鲜明的时代特点,表现出与我国社会发展的同步性和一致性。自中华人民共和国成立以来,按照大的代际可大致划分为三代人:老一代是从革命洪流中走出的一代,他们讲传统、讲理想、讲信义;"60后""70后"是在改革摸索中成长的一代,他们讲责任、讲集体、讲奉献;而"80后""90后"是在自由开放中发展的一代,他们讲自主、讲平等、讲个性。① 因此,在变化中发展,在发展中变化,是当代青年大学生集体特质的突出表现。类比奥林匹克的口号,我国当代大学生也在追求着"更高、更快、更强"的目标,具体表现为如下几点。

所谓"更高",突出表现在其具备更高的理想追求和更丰富的知识储备,更加重视自身成长,不再将目光局限于社会或长辈的固有安排,而是通过提高自身的多方面能力来开拓未来的发展路径;同时,也表现在其具备更高的开放程度,对于与中国传统不同的文化和观念更包容。然而,在这种情况下,也有少数大学生由于过分重视自身利益,或受到攀比风气的影响,出现了急功近利、拜金主义等不良行为。

所谓"更快",最直接的表现是其接收和处理信息的速度明显加快。在互联网技术高度发达的今天,我们无时无刻不被各类信息洪流冲击,辨别信息的真伪并从中筛选出有效信息,是当代大学生的必备技能。目前,我国大学生在快速接收国内外各类信息的同时,其思想观念也在迅速变化,具体表现为关注点从个人转向社会、从文娱转向政治。全球化这把双刃剑,依然对当代大学生的特质形成具有潜移默化的影响。

所谓"更强",指当代大学生具有更强的个体意识和更鲜明的个性特征,不再拘泥于传统社会的单一人民偶像,而是产生了多元化的特质崇拜。当代大学生注重精神的独立,对政治事件和社会问题有自己的思考和看法。但是,过分地追求个性和自主,容易使大学生陷入以自我为中心的怪圈,破坏个人社交网络,这是大学生需要特别注意的问题。

---

① 田建国.当代青年大学生的思想特点[J].河南教育,2010(1).

## 二、当代大学生价值观念发展的内在需求和基本特点

大学生群体处在人生观、价值观、世界观的转型期与成熟期,他们对社会主义理想信念的理解可能仍比较模糊,尚无法完全平衡理性思维与感性思维,对一些问题的理解和判断也容易产生偏差。青年人能够也愿意听取来自世界的不同声音,这也意味着其价值观的发展容易受到外界各种因素的影响。此外,由于他们的政治敏锐性还不够高,因此其意识形态具有易变性。社会舆论的冲击使他们的思想变化更为频繁,这就需要有一股力量帮助他们解决困惑,找到方向。

首先,当代大学生在价值观念发展的过程中,需要得到社会的广泛尊重,特别地,对于那些处于从不良观念向良性观念转变阶段的青年,在价值重构的过程中更需要得到一定的人文关怀。① 他们需要感受到这个社会中既有他们想要的自由,也有他们想要的关怀,这样他们才会对社会的发展充满信心,才能稳固中国特色社会主义的理想根基。

其次,当代大学生在价值观念尚未发展成熟的阶段,需要接受系统而富有创新性的德育。社会主义核心价值观建设的各项要求比较抽象,青年人往往难以对其产生兴趣,他们需要借助具象化、大众化的解说,需要将实践操作与理论学习充分结合,才能真正将社会主义核心价值观内化于心。

最后,当代大学生在确立价值观的关键时期,需要能够帮助其确立信仰、优化理想的力量。在他们对思想政治教育的重视程度下降的时候,需要有校园中的声音来提醒他们,需要有社会上的正能量来巩固他们对社会的认同,这样他们才能正确而坚定地选择马克思主义。

价值观是人们主观上判断是非的依据,一旦形成,便具有较为深层的稳固性和持久性。大学生群体正处于价值观塑造与成熟的关键时期,体现出较为鲜明的特点,集中表现在价值取向由一元化向多元化的过渡和对自我重视程度的提升。

对当代大学生来说,老一辈革命家所信仰的传统价值理念,如人民的利益高于一切、集体重于个人等,已经不再是统一的价值标准和评判原则。他

---

① 樊泓池,王贵新,樊磊.多元化社会分层视域下的中国当代大学生核心价值观的整合与重构研究[J],东北师大学报(哲学社会科学版),2011(3).

们在部分接纳与认同的基础上,呈现出更为多元化的价值取向。① 全球化的浪潮加速了文化离心力的产生,大学生在放眼世界的同时,也在心里对不同类型的文化进行着比较与评判。如果他们能够做到去糟粕取精华,就可以涵养兼容并包的胸襟,形成健康的价值观念;而若无法正确分辨其中的优劣,其价值观就很可能朝着世俗化的方向发展,进而被拜金主义、享乐主义等观念扭曲。

可以说,当代青年大学生是未来时代文化主体的代言人,其价值观在发展形成的过程中,必将经历文化上的碰撞和思想上的交锋,而这种交锋往往体现在东方与西方、主流与非主流、传统与现代、群体与个体等多方面。具体来看,其观念发展主要呈现如下特点。

### (一)价值目标由理想化向现实化转变

随着经济全球化的不断推进,我国的社会主义市场经济体制也在不断地更新与发展,而在这个过程中不可避免地会产生矛盾。当代大学生在课堂上所了解的理想目标与其生活中所看到的现实情况出现了差距,这种旧体制崩塌到新体制完善的过渡期所产生的矛盾,正在深刻地改变着他们的价值理念。他们从追求精神上的崇高渐渐转变为重视对现实问题的思考,在奉献的同时也关注个人利益。他们更加重视生活质量,尊重知识但也不会鄙视财富,追求理想但也不忘享受生活,努力丰富精神世界与物质世界。

### (二)价值取向由单一化向多元化整合

多年来,传统的价值理念、道义思想和中华美德等一直是我国社会主义价值体系的支撑力量,而当代大学生受到外国文化和西方政治的影响,出现了对这种"正统价值取向"的质疑甚至是盲目的反对。当然,完全不辨是非和丧失社会责任感的现象是极少的,大多数大学生采取的是"择其优而并行"的态度——既不会完全把贡献社会作为自己人生价值的终极体现,也不会绝对以自我为中心去确立狭隘的人生目标,他们往往在不违背社会原则的情况下,在适当迎合社会需求的前提下,积极寻求个人的发展。这种态度与传统的舍生取义等思想相比,看起来更为灵活,但如果矫枉过正,也容易出现群体性的政治信仰迷茫、理想信念畸形等严重的社会问题。

---

① 吴荣军.论当代大学生社会主义核心价值观[J].江苏社会科学,2008(S1).

### (三)价值选择由群体化向个体化偏移

当代大学生的成长环境普遍较为舒适,来自生活和家庭的压力普遍较小,这造就了其更为鲜明的个性。大学生在价值选择的过程中,较多地注重自我的精神追求,较少考虑社会群体的评价。他们追求时尚,崇尚自由,重视独立,但也易产生针对社会和民族的逆反心理。值得注意的是,西方势力可能利用青年大学生的这一特点,以文化传播的形式恶意影响和改造社会主义国家的人民,扭曲其价值选择,如"哈日"、"哈韩"、对偶像明星不良行为的包庇或无视等现象,都向我们发出了警示。

总体来看,当代大学生价值观念的发展以多元性和开放性为主,也伴随着一定的矛盾性、差异性和不稳定性,需要社会加以关注。

## 三、当代大学生社会主义核心价值观认同的个体影响因素

基于以上分析,本书认为,当代大学生社会主义核心价值观认同在个体层面的影响因素主要包括思维能力、心理结构、社会交往和社会经验。

### (一)思维能力

大学生个体的价值观选择和价值认同建立在对外界事物的全面完整的认识的基础上,这种深刻的认识需要借助高度的抽象思维能力和辩证思维能力。当大学生能够抽象地理解精神生活和社会生活,辩证地看待生活中价值的内涵时,其才能作出正确的价值选择,形成个体价值观。[①]

### (二)心理结构

大学生具有十分复杂和多维的心理结构,受其成长经历、社会阅历、性格特征、信仰倾向、自我意识、生活目标等诸多因素的影响。价值认同的现实表现为个体心理趋同的增强。心理结构不同的大学生个体在进行价值选择时的表现不同,更多出于自我情感和自身利益层面考量的人会倾向于个人本位

---

① 李振跃.大学生社会主义核心价值观认同教育研究[J].学校党建与思想教育,2013(7).

与局部利益,显现出"自我"的思想倾向和价值观取向;而更多出于社会认同和社会利益层面考量的人会更具有全局观,显现出"顾全大局"的思想倾向和价值观取向。①

## (三)社会交往

当代大学生价值观的形成离不开交往和关系的形成。全球化将每个人带入全球交往的情境中,随着人们的活动范围不断扩大、人们也不断重新定位和更新其社会关系。对大学生来说,重新定位的不仅仅是传统的血缘关系、地缘关系、姻缘关系等,还有行业、兴趣关系等的形成和拓展,例如信息关系、网络虚拟关系的凸显。在此背景下,我们所生存的社会开始由熟人社会走向陌生人社会,同时,集体主义、家族观念开始淡化,而个人主义、契约关系开始强化,这些都会导致价值目标多层次化、价值取向多元化、价值评判标准多重化的出现,对大学生社会主义核心价值观认同产生重要影响。②

## (四)社会经验

深层次的价值认同是建立在实践基础上的对社会规范本身的意义的认识,这与个体所积累的社会经验密切相关。当代大学生获取信息的渠道主要是网络、自媒体、电视和书刊,亲身的经历和实践较少,对社会主义核心价值观的认识主要来自间接途径,因而相对缺乏整体性和深刻性,社会的负面现象容易对他们产生较大影响。反之,直接社会经验较为丰富的个体对社会主义核心价值观有更全面深刻的认知,也就更容易产生对社会主义核心价值观的认同。同时,大学生群体中,性别、学段、地域、家庭背景等的不同导致个体之间在思维、心理、素质上产生差异,社会经验的缺乏和多变环境下的困惑使得他们的价值观选择具有一定的盲目性。

---

① 柳克方.大学生对社会主义核心价值体系的价值认同研究[D].大连:辽宁师范大学,2010.

② 李辉.价值认同:当代大学生思想政治教育的重要取向[J].学校党建与思想教育,2008(1).

# 第二节　社会外部的影响因素

当代大学生社会主义核心价值观认同既受到个体层面的影响,也受到外界的影响。本书把来自家庭、学校、社会、环境的影响概括为社会影响因素。

## 一、全球化、信息化、社会转型带来的影响

### (一)全球化带来多元价值观、社会思潮交锋

经济全球化促成了全球性的文化交流与对话,不同历史时期以及不同文化背景下存在的价值观念被全球化进程挤压在同一个平面,使国内与国外、传统与现代、计划与市场等文化价值观相互交织。[①] 同时,现阶段的中国正处于深刻的社会转型时期,大学生往往最容易接受新事物,对众多价值观念和社会思潮不加以有效地比较和鉴别,采取"来者不拒"和实用主义的态度,用非主流社会思潮修正主流价值,造成价值混乱。[②]

### (二)信息化时代,大数据、社交网络带来的价值混乱

近年来,大学生接触信息的渠道大面积转向了互联网,其对网络的依赖性也逐渐增强。但面对互联网的信息爆炸式堆积,大学生显然还缺乏甄选信息的能力,拜金主义、享乐主义等非主流价值观念便借助网络新媒体进行渗透,国外势力也不遗余力地通过互联网将西方价值观念在青年群体中渗透。依赖于网络这一信息获取方式的大学生,容易在不知不觉中受到这些非主流价值观的影响,导致社会主义核心价值观传播受阻。

### (三)社会转型时期,经济、政治、文化领域存在结构性价值冲突

市场经济条件下,我国的经济、政治和文化三个领域的发展速度不一,经

---

① 贾英健.多样价值观态势与主导价值观的确立[J].山东社会科学,2002(1).
② 陈敏,于琪.价值多元化视阈下大学生核心价值认同危机与重构[J].广西师范学院学报(哲学社会科学版),2008(2).

济发展超前于政治、文化领域的发展,经济领域效率优先的价值理念日益占据主导地位,与文化领域的人文关怀、知识与幸福理念和政治领域的公平法治、公民参与等价值之间产生不可调和的矛盾,造成经济、政治、文化领域的结构性价值冲突。① 在价值冲突的氛围中,大学生容易受效率优先价值理念的影响,从而忽略社会主义核心价值体系中关于政治、文化领域的价值内涵,进而削弱社会主义核心价值观认同。

## 二、家庭、学校、社会环境带来的影响

### (一)家庭的影响

研究和调查显示,父母对子女的荣辱观、义利观、择业观等价值观念的形成有非常大的影响。家庭教育在潜移默化中传递着社会主义核心价值观的基本内涵,能够使子女在成长过程中逐渐形成社会主义核心价值观认同。由于这种价值认同的产生方式是基于长期的渗透,所以通过家庭教育而获得的价值认同具有稳固性和持久性。但是能否形成社会主义核心价值观认同以及所达到的认同层次,取决于个体的家庭和成长环境本身对社会主义核心价值观的认同度及实践度。

### (二)学校的影响

作为对当代大学生进行社会主义核心价值观培育的主要阵地,学校包含了以思想政治理论课为主要形式开展的价值理论学习和社会实践教育、榜样教育、文化教育等多种形式的价值生活实践,使价值理论学习和价值实践活动相辅相成、互为补充,使社会主义核心价值体系的灌输教育与自我教育、自我修养相结合。② 高校社会主义核心价值观培育的对象是整个大学生群体,其课程教育体系在方法、内容和形式上都具有科学性和完备性,有利于当代大学生全面深刻地理解社会主义核心价值观的内涵、特征等,从而形成较为

---

① 刘怀光,刘雅琪.主流价值认同的现代价值困境[J].吉首大学学报(社会科学版),2012(1).

② 李斌雄,张小秋.大学生对社会主义核心价值体系的认同研究[J].思想政治教育研究,2007(4).

稳定的社会主义核心价值观认同。

### (三)社会环境的影响

随着网络新媒体的崛起和大学生接触信息渠道的多元化,一些社会热点问题、引起广泛关注的公共事件、对国家社会产生重大影响的重要事项,都会在热烈的价值讨论过程中引导当代大学生进行价值选择和价值重塑,对当代大学生的社会主义核心价值观认同产生正向影响。

在价值讨论和价值辩论的过程中,作为主流价值观的社会主义核心价值观念能够被凸显出来并获得普遍的认同。此外,价值讨论还有助于将以消极地、不自觉地、被迫地认可和接受为表现的被动价值认同转变为以自觉自愿地、积极主动地理解和接受为表现的主动价值认同,并将对社会主义核心价值观的价值认同在事实认同的基础上升级为建构认同,使价值认同成为一种动态的、开放的和不断建构的认同过程,随着社会的发展和个体思维意识的提升不断完善,丰富社会主义核心价值观认同的内涵。[1]

## 三、当代大学生社会主义核心价值观认同的社会影响因素

基于以上对当代大学生社会主义核心价值观认同的社会影响因素的分析,本书立足于中国特色社会主义社会形态,将当代大学生社会主义核心价值观认同的社会影响因素概括为利益机制、文化生态、社会结构、生活环境四个方面。

### (一)利益机制

"利益是价值的基础,价值是利益的反映。"[2]价值认同的建构是一个复杂的心理过程,在这个过程中物质利益和精神情感一同成为决定价值认同的关键因素。"利益机制指的是利益体系内部,利益主体以物质利益为载体实现

---

①　贾英健.经济全球化进程中价值认同的多重方式[J].中共济南市委党校学报,2007(3).

②　贺善侃.经济全球化背景下的价值认同与冲突[J].毛泽东邓小平理论研究,2003(5).

其利益目的的方式与机理。""一种利益机制是否科学,一是在于性质上与社会的经济基础保持一致,二是在于结果上有利于推进价值认同。"①社会主义核心价值观认同的建构的基本点需要与人的需要、利益相联系,"人们总是认同与自己的利益需求、情感和信仰一致或近似的价值,因此决定个人、群体和国家行为的归根结底还是利益因素"②。大学生群体对社会主义核心价值观认同与否,很大程度上取决于是否认同我国当今社会的利益机制。在政治、经济、社会、文化、生态"五位一体"的建设过程中,处理好效率与公平的关系,构建公平正义的社会,是增进大学生社会主义核心价值观认同的重要前提。

## (二)文化生态

文化的本质是一种非强制的影响力,作为一个国家的软实力体现了社会的发展状况。文化具有整合社会意识形态、形成共同价值标准和行为准则、凝聚文化认同感、引领价值诉求和价值理念的作用,对当代大学生社会主义核心价值观认同产生重要影响。当前,我国社会中存在着多元文化,东方文化与西方文化、传统文化与现代文化、主流文化与亚文化、先进文化与落后文化等,在意识形态领域交锋交融,影响着人们的思维方式和行为方式。③ 良好的文化生态是增进大学生社会主义核心价值观认同的重要基础。

## (三)社会结构

这里的社会结构主要指经济形态、政治体制、国际形势等。首先,当代大学生在改革开放的浪潮中获得了实现自我价值的良好机遇,并受到由此带来的多元价值的冲击;其次,在政治体制改革方面,我国正依照依法治国方略,大力推进国家治理体系和治理能力现代化建设;最后,我国面临的国际形势复杂多样,多方势力试图对我国进行文化渗透,挑起对立情绪。以上因素共同作用于大学生社会主义核心价值观认同。

---

① 朱继胜,谭培文.社会主义核心价值认同的建构:科学的利益机制视角[J].理论学刊,2011(2).

② 朱继胜,谭培文.社会主义核心价值认同的建构:科学的利益机制视角[J].理论学刊,2011(2).

③ 张博.大学生价值认同的文化实现路径研究[D].哈尔滨:哈尔滨理工大学,2014.

### （四）生活环境

生活环境主要包括家庭环境、学校环境和社会环境。学校的教学风气、教育内容，家庭成员的生活方式、价值观念，社会的文明风气、竞争环境等，都对大学生的社会主义核心价值观认同产生重要影响。学校、家庭和社会的影响呈交替出现状态，有时候正面影响能够掩盖其他方面的负面影响。当代大学生建构社会主义核心价值观认同，可以以学校为主要阵地，以家庭为主要堡垒，以社会为演练场。

综上，当代大学生对社会主义核心价值观的认同，就是在利益机制、文化生态、社会结构、生活环境等社会层面和思维能力、心理结构、社会交往、社会经验等个体层面因子的共同影响下，逐步建构并渐趋稳定（见图 5.1）。

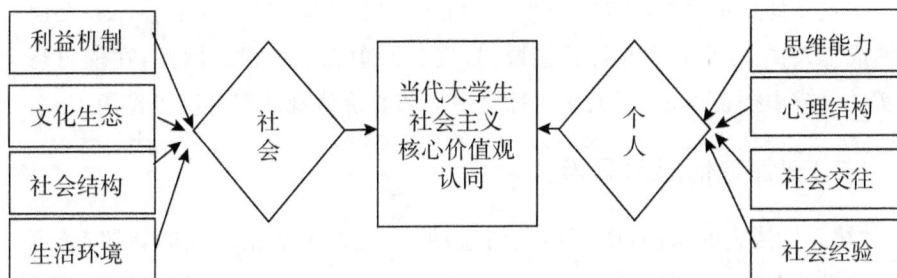

图 5.1　当代大学生社会主义核心价值观认同的影响因素

## 第三节　当代大学生社会主义核心价值观认同的形成机理

当代大学生社会主义核心价值观认同，是内化认同和外化认同共同作用的结果。在思维、心理、经验等的共同作用下，个体产生对社会主义核心价值观的基本认知，进而形成个体价值取向；教育、文化等外部环境则在社会力量的引导下影响个体价值取向，形成社会价值导向。

# 一、内化认同的思辨过程

## (一)理想与现实的思辨

对中国特色社会主义共同理想和中国社会发展现实的认识,以及对理想性和务实性的倾向,是当代大学生社会主义核心价值观认同的重要影响因素。长期以来,大学生浸润于共产主义理想、中国特色社会主义共同理想中,而现实中的社会发展水平离社会主义共同理想还有很大差距,大学生如果不能正确认识理想与现实的关系,就容易产生价值观断裂。大学生对理想主义和务实主义的思辨也影响其社会主义核心价值观认同,过于务实会导致大学生形成个人主义、享乐主义等价值取向,丧失对理想的追求。因此,在理想与现实的思辨中摆正认识,对大学生社会主义核心价值观认同有积极作用。

## (二)理性与情感的思辨

"核心价值观的认同,既可能是情感的冲动,也可能是理性的观照;既可能是自发的萌动,也可能是自觉的汲取。"①在社会主义核心价值观认同的过程中,随着个体思维的发展,情感这一原始纽带往往会被理性的观照所取代。因此,理性与情感的此消彼长,影响着当代大学生对社会主义核心价值观的认同层次。在社会主义核心价值观认同的形成过程中,当代大学生既要怀有对社会主义核心价值观的情感认同,也要将社会主义核心价值观发展成为理性的认知。情感上的认同具有不稳定性,易受外部因素的影响,而理性的认知可以成为信仰的恒定状态。

## (三)精神与物质的思辨

信念、信仰、价值观,是个体的精神追求,而物质是存在的基础,精神的表达和传递需要物质载体。② 增进大学生社会主义核心价值观认同,需要利用充分的物质条件、充足的物质载体,设计生动活泼的物质活动,构建寓教于乐

---

① 曾楠.困境与机缘:核心价值观教育的文化考察[J].理论导刊,2014(3).
② 郝军燕.试论我国社会的精神和谐[D].石家庄:河北师范大学,2007.

的物质环境。当代大学生在全球化和多元社会思潮的影响下,普遍重视物质利益而轻视精神追求,无法摆正利益观,这必然影响大学生社会主义核心价值观的形成。因此,精神与物质的思辨对当代大学生来说至关重要,只有摆正精神与物质的关系,才能运用合理的物质载体实现崇高的精神追求,增进社会主义核心价值观认同。

## 二、外化认同的完善过程

### (一)教育的外部引导

教育是增进大学生社会主义核心价值观认同的极佳方式。通过教育的手段、内容和方式不仅能够引导大学生确立社会主义核心价值观,而且能够启发、修正大学生的价值取向和价值行为。教育的内容决定了大学生认同的内容,社会主义核心价值观是当代大学生价值认同的主要内容。教育的手段和方式决定了大学生对价值观的接受程度,传统的教育手段包括灌输、奖惩、教化等,而在当下,大学生社会主义核心价值观认同教育有了更生动鲜活的形式,有助于更有效地进行外部引导。

### (二)家庭、学校和社会的氛围营造

文化是以价值观为核心的精神生产,是进行价值观渗透的最佳载体。中国优秀传统文化是大学生核心价值观构建的重要源泉,是社会主义核心价值观的重要载体,其内容涉及政治、经济、文化、思想、道德、伦理等诸多方面。[①]家庭、学校和社会涵盖了大学生成长和生活的全部外部环境,因此,家庭、学校和社会的文化氛围将对大学生价值观的形成产生重要影响。文化氛围若积极,充溢着主流社会主义核心价值观,则对大学生社会主义核心价值观认同产生正面影响;文化氛围若消极,弥漫着拜金主义、享乐主义,则对大学生社会主义核心价值观认同产生负面影响。

### (三)价值实践平台的参与

大学生社会主义核心价值观认同不能只依赖于理论教育,实践引导也非

---

① 郭学利,高红梅.传统文化教育与大学生核心价值观的构建[J].内蒙古师范大学学报(教育科学版),2013(7).

常重要,在实践中,大学生能逐步理解社会主义核心价值观的丰富内涵。大学生的价值实践涵盖生活中的多个方面。例如,新媒体以其传播快、资源丰富、交互性强等特点逐渐成为大学生社会主义核心价值观认同的新平台和新载体。它能够创新价值观培育工作载体,以其生动性更好地诠释社会主义核心价值体系的思想内涵,增强了价值观教育的时效性和针对性。

当代大学生社会主义核心价值观认同,就是在理想与现实、理性与情感、精神与物质的思辨中逐渐形成个人价值取向,并在教育的外部引导以及一定的文化氛围中,经由价值实践平台,不断塑造与修正个体价值取向的升华过程(见图5.2)。

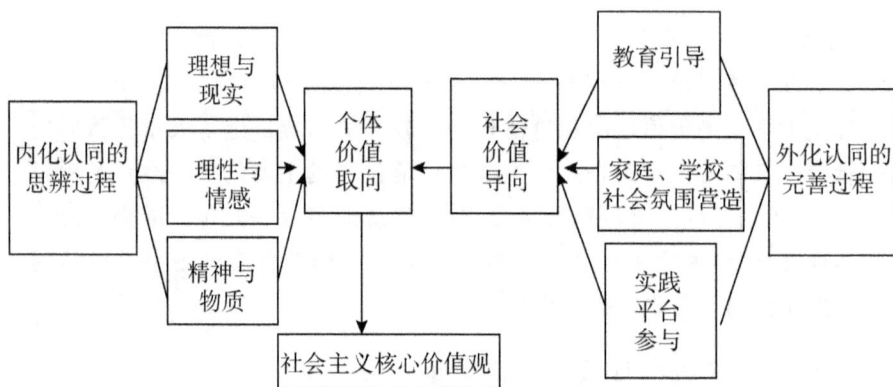

**图5.2 当代大学生社会主义核心价值观认同过程**

综上,我们对当代大学生社会主义核心价值观认同的影响机理描述如下:在利益机制、文化生态、社会结构、生活环境等社会层面和思维能力、心理结构、社会交往、社会经验等个体层面多因子的共同作用下,通过个体思辨的内化认同和外部引导的外化认同过程的耦合,确立、修正并完善社会主义核心价值观的过程。

# 第六章　当代大学生社会主义核心价值观认同培育的路径研究

从当代大学生社会主义核心价值观认同的表征因子模型和认同影响机理可以看出,大学生对社会主义核心价值观的认同是一个全方位的系统过程,它受到内外部多种因素的影响和制约。当代大学生核心价值观认同培育的主要内容是社会主义核心价值观,其目的是促进当代大学生对社会主义核心价值观的认同。

本章首先对日本、新加坡展开研究,总结其在大学生价值观认同培育方面的特点与启示。其次,从主体角度提出综合素质提升是大学生社会主义核心价值观认同的内在动力,包括坚定理想信念、提高思想认识,开拓国际视野、强化国家认同,培养公民意识、提升道德修养,完善心理健康、促进全面发展。再次,从客体角度提出社会价值共识培育是大学生社会主义核心价值观认同的外部基础,包括国富民强的经济基础、民主文明的政治基础、和谐共生的文化基础。最后,从高校开展大学生社会主义核心价值观认同培育的视角提出以全过程培育为过程,以通识教育为方法,以领导力培养为载体的具体路径。

# 第一节　日本、新加坡大学生价值观认同教育的借鉴

他山之石,可以攻玉。除中国外,亚洲部分国家在增进本国大学生价值观认同方面积累了独到经验。本书特别选取日本、新加坡展开研究。它们分属东亚和东南亚,具有三个显著特征:一是同中国一样深受中华文化特别是儒家文化影响,普遍重视学生学业成绩和行为规范,对大学生的教育管理相对于欧美国家而言更趋向统一化、集中化和严格化;二是同中国相似,近代历史上经历过或正在经历多元文化冲击,甚至经历了文化体系整合重建的过程(如日本"明治维新"后的西化历程及二战战败后的社会变革、新加坡独立后的文化教育改革及种族融合等带来的文化变迁),都针对大学生这一特殊群体,致力于确立一定的主流价值导向;三是经济社会发达,文化教育体制完

善,中国的经济社会发展和文化教育事业发展路径与其具有相当大的相似性。对中国大学生社会主义核心价值观认同教育来说,日本、新加坡当前或曾经开展的大学生价值观认同教育经验及成果,具有借鉴意义。

# 一、日本、新加坡大学生价值观认同教育的特点

日本、新加坡在开展大学生价值观认同教育方面积累了丰富经验,取得了显著成就,而相似的文化背景等因素决定了其教育模式具有共同特点。

## (一)以人为本,促进人的全面发展

在培养目标上,更加注重人的综合素质;在课程安排和活动设计上,更加强调学校、学科特色和尊重学生个性,设计符合大学生身心发展特点和认知规律的教材;在教学方法上,提倡自主式学习、讨论式学习。

## (二)政府重视,形成良好的教育氛围

新加坡本身具有鲜明的多元文化交融背景,而其地理位置等因素促使其东西文化荟萃,这些都使得其价值观教育具有传统与现代交融的特征。新加坡自独立建国初期就十分注重对国民价值观的引导,并出台了一系列文件和政策,对高校的价值观教育进行集中的统一指导和管理。新加坡政府在1991年颁布了《共同价值观白皮书》,提出塑造5项共同价值观:国家至上,社会为先;家庭为根,社会为本;关怀扶持,尊重个人;求同存异,协商共识;种族和谐,宗教宽容。①

日本在大学生价值观教育方面形成了政府主导,学校、家庭、社会合力推动的复合型模式。典型的如日本的家庭教育模式,倡导以家庭教育支撑学校教育。日本人特别是日本妇女家庭意识浓厚,接受过良好教育的已婚妇女往往从子女基础教育前就承担起家庭教育的职责,即便子女进入大学,家庭教育的影响仍然巨大。家庭教育在日本大学生价值观教育中起到基础性作用,与学校教育相互支撑、相互补充。不仅如此,日本学校还和家长联合,组成家长协会,家长们可以相互交流经验,或者参与到学校的管理中。当学生在价

---

① 王鹏.新加坡大学生主流价值观教育探析[J].思想理论教育导刊,2012(12).

值观认同方面存在问题时,家长与学校可以共同解决。①

### (三)鼓励实践,倡导隐性渗透模式

日本、新加坡都将隐性教育作为大学生核心价值观教育的重要手段,在教育内容选取上减少刻板的说教和复杂的理论,同时将传统文化与大学生生活结合,与社会前沿结合。

日本的大学生核心价值观认同教育不仅通过道德课进行,而且通过多学科进行渗透。其中,道德课是大学生价值观教育的主要渠道,但高校道德课教材由各地学校自行编写。日本的道德教育采取灵活多样的教学形式,例如阅读、讨论、唱歌、看录像等。在教育内容方面,也不是简单围绕核心价值观本身展开,而是和学生的生活、学习紧密联系,比如热爱家庭、热爱祖国,在生活中遵守社会准则,长大成才要服务于社会等。日本高校大学生核心价值观认同教育通过多学科渗透,主要通过语言、地理、历史等激发学生对国家的自豪感,如国语课在教授学生掌握日语的同时,引导学生体会日本语言文字的美感和文化内涵,地理、历史类课程引导学生了解日本的地理风貌、历史事件、历史人物等,树立忧患意识,从而引导并激发学生为日本发展作出贡献的自觉意识。②

新加坡的大学生价值观教育虽然呈现集中统一的特征,但集中而不死板、统一而不枯燥。新加坡政府鼓励各个高校结合学生特点开展与价值观渗透和引导相关的各类课程,紧贴学生生活实际,使学生感觉真实有力,实现对学生的内涵式引导。如新加坡国立大学开课介绍新加坡法律制度的形成历史、主要法律机构、具有特色的法律教育与实践等③,不仅增强了大学生的法治观念,培养了大学生公平正义的价值取向,而且激发了大学生对新加坡法律制度的认同感,进而增强了对新加坡的认同和热爱。

价值观认同教育不同于专业知识教育,它内容复杂、抽象,呈现内容不当就会显得空洞乏味,春风化雨、润物无声的隐性教育能在提升大学生综合素质的同时,使大学生体会到价值观教育对个人学习、处世、求职等各方面的实际意义。

---

① 户可英,胡万钦.德国和日本大学生意识形态教育探析[J].黑龙江高教研究,2013(12).

② 户可英,胡万钦.德国和日本大学生意识形态教育探析[J].黑龙江高教研究,2013(12).

③ 王鹏.新加坡大学生主流价值观教育探析[J].思想理论教育导刊,2012(12).

### (四)全人教育,塑造全面素质品格

全人教育以人的全面发展为目标,是一种培养个人自我教育能力的教育方式。中国传统文化中"内省"的修身方法,强调通过"自省""自教""反求诸己""反身而诚""躬行""践履"等方式,帮助个体认识自我、发现自我,推崇并贯穿于整个价值观认同教育过程中的方法是个人的自我修养。[①] 在全人教育的理念下,学校和教师的职责是协助学生发现自己拥有的能力和资源,帮助学生认识自己,运用自己的能力和资源来应对生命中的挑战,汲取经验,见贤思齐,实现自我教育和自我完善。

## 二、日本、新加坡大学生价值观认同教育的启示

### (一)更新教育理念:从思想教育向"全人教育"转变

与日本、新加坡相比,中国的大学生价值观教育方向更为明确,在实施过程中,往往以必修思政课程为主导开展教育,思想教育色彩较为浓厚,也出现了内容艰深、与实际脱节等"不接地气"的情况,这在一定程度上削弱了价值观认同教育在大学生群体中的吸引力,也不符合培养全面发展高素质人才的需要。解决这一问题,着力点应在于将思想教育融入素质教育,探索符合中国国情的大学生"全人教育"模式。

具体而言大学生价值观认同教育可以从完善通识教育模式着手。一方面,实现思政课程通识化,逐步改变以往各专业必修固定课程的模式,将传统思政课程内容细致化、丰富化,允许学生根据兴趣和专业特点选择适合自身的思政课程,提升学生对思政课程的主动投入程度和参与度;另一方面,实现价值观认同教育与各类通识课程的相互渗透,如在历史类课程中引导学生认可中国从古至今的发展成就以激发学生爱国热情,在体育类课程中引导学生恪尽职守、团结友爱,等等。由此,可以实现"全人教育"与价值观认同教育的有机结合,培养政治坚定、德才兼备、素质全面、堪当重任的大学生群体。

---

① 王振江.中国德育传统与当代中学德育[D].北京:首都师范大学,2007.

## （二）丰富教育主体：从政府为绝对主体向政府主导、多方协同转变

在中国的大学生价值观教育中，政府是绝对的主体，高校只负责执行价值观教育政策，家庭和社会发挥的价值观教育功能更是十分有限。为此，应当充分调动学校、家庭、社会的力量，形成政府主导、多方协同的崭新模式。

日本较早践行这一模式，在很大程度上调动了学校、家庭共同投入大学生价值观教育的积极性。日本政府非常重视大学生核心价值观认同教育，也十分重视对教育者素质的培养和考察，除前文所述的家庭教育模式外，日本政府也鼓励各高校根据自身实际情况制定支撑教养教育的相关制度。日本高校认为，教育者的一言一行对学生价值观的塑造都会产生影响，因而对于那些积极参加教养教育改革的教师，学校都会予以支持和鼓励。

就中国而言，一方面，政府应在制定教育指导方案的基础上，给予高校在课程设计、教材编排等方面更多的自主权，同时鼓励高校制定价值观教育相关课程教研人员评定考核办法；另一方面，政府应主导并支持各社会团体和群众组织投入大学生价值观教育中，特别是发挥共青团组织、学联组织的作用，允许社会团体设计运营与大学生价值观教育有关的平面宣传和网络宣传平台，使各社会团体能够凭借自身成员身份优势向周围辐射价值观认同教育的影响力。

## （三）创新教育方式：从单向灌输教育向双向隐性教育转变

注重互动与实践的隐性教育模式是亚洲其他国家和地区大学生价值观教育呈现的显著特点，也体现出大学生价值观教育的发展趋势。我国的大学生价值观教育在很大程度上停留于单向灌输教育层面，这不仅不利于学生接受价值观认同教育，更会使学生对这些教育内容产生误解和排斥情绪，形成"内容无趣味——学生无兴趣——教师无动力"的恶性循环。不可否认，由于我国高校学生群体庞大，隐性教育的开展存在客观条件的限制，但仍可以尝试更加开放的教育方式。

新加坡在大学生价值观教育方面，注重发掘当前文化中与这些价值标准切合的人物和现象，形成崭新的教育资源。如新加坡官方推崇本土流行歌手林俊杰、孙燕姿等，邀请其参加国庆庆祝大会等重大活动，通过他们来展现青年一代新加坡人的忠诚、守礼、热情、进取，塑造了大学生群体乐于接受的文

化偶像。大学生群体在与文化偶像的交流互动中,潜移默化地接受了价值观教育。

就我国而言,开展大学生价值观教育,高校的力量显得捉襟见肘,还应大力借助社会力量。一方面,政府和媒体应注重从现实生活中挖掘与大学生的生活实际联系较为紧密的先进典型,从大学生的关注热点中寻找正面人物和正能量;另一方面,重视社会实践和志愿者活动的作用,建立跨学校、跨地区的实习、实践、公益活动交流平台和宣传渠道,鼓励大学生根据兴趣组织各类公益活动,扭转学生在价值观认同教育中的被动地位,实现大学生群体内部对价值观认同的相互渗透。

### (四)完善教育内容:从理论教育向文化教育转变

文化依靠自身魅力形成向心力,吸引人们信服、追求和融入,而只有符合当前潮流、符合大学生思维特点的价值观念才能真正吸引大学生。

由于历史与现实原因,中国大陆在中国传统文化存续上存在一定的断层现象,而其他受中国传统文化影响的国家和地区,均将传统文化融入大学生价值观教育中,凸显教育特色,吸引教育受众。近年来,中国优秀传统文化得到官方和民间的普遍关注,并对大学生群体形成了巨大吸引力。价值观认同教育作为一种通识性教育,其接受者的专业背景复杂且思想政治理论水平参差不齐,而以往我国以理论教育为主要内容的大学生价值观教育,对于缺少相关专业背景的各个专业的大学生而言,实际上很难理解与接受。在这种情况下,以优秀传统文化为抓手,完善大学生价值观教育的内容体系,势必能够产生较为理想的效果。

新加坡大力弘扬东方传统价值观,特别是中国的儒家传统文化,把儒家推崇的"八德"即"忠孝仁爱礼义廉耻"作为治国之纲;同时,将传统儒家文化与当前以欧美国家为主导的西方文化有效整合,注重培养文化向心力。这一做法使其大学生价值观教育成效显著。

就中国而言,一方面,需要找到优秀传统文化与社会主义核心价值观的契合之处;另一方面,要处理好理论教育与文化教育的关系,确保理论路线的正确性。

# 第二节　主体角度:综合素质提升

当代大学生作为社会主义核心价值观认同的主体,需要不断提升综合素质,充分认识和理解社会主义核心价值观的意义和内涵,内化于心、外化于行。大学生综合素质,除了专业知识和技能外,还包括理想信念、国际视野、道德修养、身心健康等。综合素质提升是大学生社会主义核心价值观认同的内在动力。

## 一、坚定理想信念,提高思想认识

理想和信念是一个人的精神支柱和动力源泉,支撑着人们奋勇拼搏、砥砺前行。邓小平指出:"我们一定要经常教育我们的人民,尤其是我们的青年,要有理想。"[1]大学生是当代青年中的佼佼者,是未来社会建设的中坚力量;社会主义核心价值观培育,理想信念是重要的内容。虽然大学生已经掌握了一定的知识与技能,但是他们的理想信念正处于变化成形的时期。理想信念的确立不是自发的过程,而是自觉努力的结果。中共中央、国务院在2004年颁布的《关于进一步加强和改进大学生思想政治教育工作的意见》中第一次把"理想、信念"改为"理想信念",和以往单纯谈理想、谈信念不一样,这个概念有了新的内涵。理想信念中的理想是指人们追求的理想中的最高目标、最高层次;理想信念中的信念是指人们把追求的理想中的最高目标作为最高价值,高度信服和敬仰,并且作为自己的精神寄托的精神状态。[2]

高校开展大学生理想信念教育既要充分发挥思想政治理论课等第一课堂的主导作用,又要发挥社会实践第二课堂、海外交流第三课堂和网络教育第四课堂的作用。针对第一课堂,要进一步梳理教学目标,与时俱进地更新教学内容,创新设计教学方法。针对第二课堂,突出社会实践在理想信念教

---

①　邓小平文选(第3卷)[M].北京:人民出版社,1993:110.

②　陈锡敏,张云莲.加强"90后"大学生理想信念教育的指导和研究:"90后"大学生理想信念教育专题研讨会综述[J].思想理论教育导刊,2011(3).

育中的重要作用,积极引导学生走出寝室、走出校门,到基层、到农村、到田野,通过开展公益活动、志愿服务等,在实践中增长才干,树立理想,坚定信念。随着国际交流的频繁和深入,当代大学生有了更多的机会走出国门,放眼世界,在海外交流学习中,通过直观对比,感受到祖国改革开放40多年发生的巨大变化。另外,网络已经成为思想政治教育新的阵地,高校要积极开展网络思想政治活动,掌握网络主流文化话语权,青年大学生也要遵守网络秩序,自觉加强网络自律,践行网络道德。

## 二、开拓国际视野,强化国家认同

当代大学生国家认同是大学生社会主义核心价值观认同的基础,两者相互促进、相互影响,是正相关的关系。"国家认同是公民在长期的社会化过程中不断地接触并接受众多的国家的信息资源,深受本国文化的影响,从而逐渐培养了对国家的认同感。"①中国经过一个世纪的探索,正面临着经济和社会的转型,全球化带来的多元文化、多元价值观,对中国传统文化和价值产生强烈冲击。正是在这样一个价值重塑、文化重建的背景下,社会主义核心价值观的认同和培育更显重要和迫切。特别是当今社会,西方国家一方面加强对本国公民的国家认同、价值观认同的教育和引导,另一方面以文化输出等形式进行意识形态渗透,甚至诋毁中国传统文化、唱衰中国。对于大学生群体来说,网络化、信息化使得他们更加容易接触这些信息,更容易受到影响和冲击。增强国家意识是强化国家认同的前提,"近代以来,随着民族国家的出现和国家社会在世界的全面覆盖,国家成为唯一的整体社会和社会利益的最高归结点,于是国家对国家意识的培育更为自觉"②。

## 三、培养公民意识,提升道德修养

公民意识是指民主意识与法律意识在国家活动领域为主的宏观范围内

---

① 解志苹,吴开松.全球化背景下国家认同的重塑:基于地域认同、民族认同、国家认同的良性互动[J].青海民族研究,2009(4).

② 王希恩.民族过程与国家[M].兰州:甘肃人民出版社,1998.

交融整合而成的特殊社会意识。① 公民意识是一个国家发展为现代化国家的重要条件,著名国际关系问题专家李慎之先生曾说:"千差距,万差距,缺乏公民意识是中国与先进国家最大的差距。"②对于当代大学生来说,公民意识关系到对社会主义社会核心价值观的认知与践行,关系到和谐社会的建设。公民意识内涵很丰富,从法律的角度来看,包含权利意识和责任意识,现在的大学生,权利意识较强而责任意识较弱,自我意识较强而主体意识不够。

高校培养大学生的公民意识,首要的是培养公民道德意识,公德状况反映一个社会的文明程度,大学生公德意识的高低直接影响了其他公民意识的提高,要引导大学生加强道德修养,以文明礼貌、助人为乐、爱护公物、保护环境、遵纪守法为品格要求。其次,要培养大学生的主体意识,只有具有主体意识的公民才会积极地去按照社会发展的要求自觉地进行个体的社会化。这就要求大学生拥有独立的人格,尊重他人。高校的思想政治教育应突出国家观念,以增强大学生的社会责任感,从参与学校公共事务开始,鼓励学生充分发挥主动性。再次,要培养大学生的权利义务意识,高校可以通过组织各种活动,让大学生领会权利和义务的对立与统一关系,增强责任感,不仅对自己负责,也要对他人和社会负责。最后,要培养大学生的法治意识。依法治国不仅要靠健全的法律体系,更需要全体公民信仰法律、维护法律。高校"基础课"教师要具有培育大学生公民意识的教学意识,不断拓展和深入教学内容,运用多种教学方式使大学生体验公民意识、加强公民意识。

## 四、完善心理健康,促进全面发展

健康的心理,是人的全面发展的前提。马克思有关人的本质和全面发展的论述把人的全面发展概况为:人们在实践发展基础上,不断认识和掌握必然(自然规律和社会规律),并自觉运用规律改造世界,逐步走向自由王国。③心理健康是指一种高效、满意、持续的心理状态,强调各种心理指标的提高和内心的充分发展状态。

---

① 徐丽枝.略论大学生公民意识的培养:基于《思想道德修养与法律基础》课程教学的思考[J].长春金融高等专科学校学报,2009(3).

② 李慎之.修改宪法与公民教育[J].改革,1999(3).

③ 辛辰.论心理健康教育在人的全面发展现实层面的地位[J].中国青年政治学院学报,2004(5).

大学生提升心理健康水平有利于促进其全面发展。首先,人的综合素质的提升依赖于健康的心理。一个人的心理素质与其他素质有着紧密联系,健康的心理素质有利于其他素质的提升。① 其次,心理健康有利于促进精神文明建设。社会心理学研究认为,具有健康心理的社会成员能够认同并且遵循社会规范,是和谐有序的社会秩序建立的基础。最后,心理健康也有利于实现人与自然的和谐统一,一个心理健康的人,必然能够顺应自然,适应周围环境。

# 第三节　客体角度:社会价值共识培育

社会主义核心价值观的生成过程,就是被社会群体普遍接受、认可、形成价值共识的过程,个体对社会的感受和认知是社会价值形成的基础。大学生群体能否形成社会主义核心价值观认同,取决于大学生个体之间能否对社会主义核心价值观的内涵达成目标共识,这种目标共识体现在对价值渗透赖以依靠的经济、政治、文化领域的理解和认同之上。因此,通过社会价值共识的培育,建立起大学生群体对社会主义经济、政治、文化发展的目标共识,为大学生形成社会主义核心价值观认同提供外部基础。

## 一、国富民强的经济基础

历史唯物主义认为,经济基础决定上层建筑。价值观念作为上层建筑的一部分,是对经济基础的反映。社会主义核心价值观反映了社会主义经济的核心理念,这些核心理念只有凝聚成为社会大众普遍认同并践行的价值准则,才能服务于社会主义经济的蓬勃发展。培育大学生的经济意识,就是培育其对社会主义经济目标、社会经济现状、国家经济道路的认同。

第一,对社会主义经济目标的认同。国富民强自古以来就是各个国家的经济追求,也是每个社会成员的愿景和期盼。社会主义国家对富强的追求,本质在于解放和发展生产力,消灭剥削、消除两极分化,最终达到共同富裕,

---

① 班红娟.论心理健康是人的全面发展的重要基础[J].安康学院学报,2007(6).

同资本主义国家对财富的追逐有着本质的区别。"社会主义国家的富强,一方面要求创造比资本主义更高的劳动生产力、体现自身的经济优越性,另一方面是在人民共同富裕基础上实现国家强盛。"①培育大学生对社会主义经济目标的认同,就是引导大学生形成对社会主义富强观的认同,对国富民强、科技发达、金融稳定、经济繁荣等愿景的认同。

第二,对社会经济现状的认同。如果说对社会主义经济目标的认同是大学生社会主义经济核心价值观认同的基础,那么对社会经济现状的认同则是它的前提。我国目前正处于社会主义发展的初级阶段,社会经济的运行现状与社会主义经济目标还有一定的差距,实现全面的国富民强还有很长一段路要走。如果不摆正现状与目标、过程与结果的关系,西方资本主义财富观的冲击很容易使大学生对社会经济丧失信心。因此,培育大学生对社会经济现状的认同,就是引导大学生认同社会主义经济发展的阶段性,认同改革开放以来国家在经济建设上取得的重大成就,认同国家经济发展向好的趋势。

第三,对国家经济道路的认同。横亘在社会主义经济目标和社会经济现状之间的,是国家的经济发展道路。改革开放以来,已探索形成了具有中国特色的经济发展之路。培育大学生对国家经济道路的认同,就是引导大学生认同经济体制改革,认同"一带一路"、京津冀协同发展等重要经济决策。

## 二、民主文明的政治基础

亚里士多德认为,人是天生的政治动物。政治生活是人们生活中的重要领域,它同经济生活、文化生活一起,构建了社会生活。每个公民都应该参与政治生活,履行政治义务。

当代大学生对民主有着较高的向往和追求,但对民主的理解又往往缺乏全面性和深刻性,在对"表面民主"的盲目拥簇下容易产生价值偏离。因此,要培育大学生对社会主义政治的目标共识,需引导学生正确认识民主政治,了解民主的内涵、表现形式、实现路径等,并对发展社会主义民主政治达成目标共识。

这一目标共识包括对中国特色社会主义民主政治的合理性共识、合法性

---

① 程恩富,侯为民.从经济学角度认识社会主义核心价值观[N].人民日报,2014-10-30.

共识和先进性共识。合理性共识指认为中国特色社会主义民主政治是适应现实国情、因地制宜的民主政治制度;合法性共识指承认执政党执政、政府管理的合法性;先进性共识指坚持中国特色社会主义民主政治是实现政治文明、民主价值的可靠道路。它既包含了发展和完善人民代表大会制度、多党协商制度等基本政治制度的共识,也包含了坚持党的领导,对党的执政方针、政策的认同;既包含了在新时期持续加强党的执政能力建设的迫切需要,也包含了探索实现政府治理体系和治理能力现代化的改革路径;既包含了构建国家范围内廉洁政治的目标,也囊括了建设廉洁政府的目的。

值得注意的是,由于当代大学生自主意识强烈,在引导大学生形成对中国特色社会主义民主政治的认同过程中,灌输式教育的方法不可取,应采用更具思辨性和说服力的方法,并运用史实、数据、案例等展开。

### 三、和谐共生的文化基础

文化在价值塑造和价值认同中能起到"润物细无声"的作用,基于文化的这一特性,培育大学生社会主义核心价值观认同,需要注重家庭文化、学校文化、社会文化的熏陶作用。

良好的家庭教育和家庭文化,对个人的是非观、荣辱观的形成至关重要;学校是大学生社会主义核心价值观培育的主要阵地,博学、慎思、审问、笃行的学校文化对大学生的人格养成至关重要;社会文化影响着社会风气,对大学生的义利观、金钱观等产生重要影响,若社会文化中不正之风蔓延,则会冲击大学生社会主义核心价值观认同。

因此,应协同构建积极的家庭文化、学校文化、社会文化,使其彼此联结,并适应于社会主义核心价值体系。

## 第四节　过程路径:全过程培育

中共中央办公厅《关于培育和践行社会主义核心价值观的意见》明确指

出:"把培育和践行社会主义核心价值观融入国民教育全过程。"①相关学者对高校开展社会主义核心价值观培育也开展了很多的研究。杨晓慧从"融入全过程"的本质规定、接受主体、价值观整合、运行机制、实践探索5个维度进行了详细的阐述。② 陈志军等人从推动社会主义核心价值体系融入高校思想政治理论课教学过程、融入大学生社会实践过程、融入高校学生管理过程、融入校园文化建设过程、融入校园网络文化建设过程、融入高校服务育人过程、融入大学生思想政治教育的绩效评估方面作了全面的分析和探讨。③

认知和践行是个体价值观培育的两种有效途径,认知是价值观培育的基础,践行则是价值观形成的路径。社会价值共识的培育为大学生社会主义核心价值观认同提供了外部基础,而最终的社会主义核心价值观认同实现于实践中反复的检验认知、反思深化、内化转化的过程之中,将大学生社会主义核心价值观认同的培育融入高校育人的全过程。

## 一、明晰全过程培育的理念模式

价值观是一种久经熔炼且可以内感于心、外化于行的衡量标尺,社会主义核心价值观认同培育就是把社会主义核心价值体系不断融入个体价值观的过程,必须长期、反复地强化,而非一个阶段或几次教育就能够实现。因此,必须将大学生社会主义核心价值观认同的培育融入高校育人的全过程,形成全过程培育的理念和模式。

"全过程育人"的教育理念着眼于育人的阶段连贯、环节紧扣、不留盲区和死角。④ 当代大学生社会主义核心价值观认同的全过程培育,不仅着眼于时间意义上的一以贯之,还表现在内容和环节上的面面俱到。具体体现在:第一,将系统性的价值观认同培育融入"入学教育""毕业教育"的教育规划

---

① 中共中央办公厅.关于培育和践行社会主义核心价值观的意见[M].北京:人民出版社,2013:6.

② 杨晓慧.社会主义核心价值体系融入大学生思想政治教育全过程的基本问题研究[M].北京:人民出版社,2011.

③ 陈志军,浦解明,左益,等.社会主义核心价值体系融入大学生思想政治教育全过程研究[M].北京:光明日报出版社,2009.

④ 李国栋,朱灿平.全员育人 全方位育人 全过程育人:新形势下对高校思想政治工作的探索与实践[J].教育与现代化,1999(4).

中,并在整个学习生涯过程中反复夯实基础,注重关键点的教育与引导。第二,将社会主义核心价值观认同培育渗透到大学生生活的各个环节,课堂、党团建设、社团组织、宿舍、实践基地都为核心价值观认同培育提供了不同的形式和载体。第三,丰富社会主义核心价值观认同培育的内容,在实践中将核心价值观内涵同大学生所处的经济、政治、文化环境结合起来。第四,构建全过程的社会主义核心价值观认同培育的师资队伍,将辅导员、班主任、德育导师、学长组等纳入核心价值观认同培育的师资队伍。

全过程培育的理念模式关注大学生社会主义核心价值观认同培育的时间、载体、人,利用它们构建起一个连贯、紧扣的价值观培育大环境,使大学生在学习生活的持续时间中,都能通过合适的载体、恰当的"老师",接收到社会主义核心价值观念。

## 二、拓展全过程培育的载体设计

以往高校对大学生社会主义核心价值观认同的培育往往集中在思想政治课程以及理论报告、讲座中,价值培育的载体缺乏多样性。随着教育体系的多样化发展,教育者已逐渐意识到学生党建、社会实践等对促进大学生社会主义核心价值观认同的载体作用,但由于实施培育的方式方法多限于填鸭式灌输教育,往往收效甚微。因此,开展大学生社会主义核心价值观的全过程培育,需拓展其培育的载体设计。从高校对大学生社会主义核心价值观认同培育的载体来看,要贯穿于入学到毕业的全过程。

从新生始业教育到毕业生离校教育,社会主义核心价值观都可以融入其中。在具体的载体设计中,可以着重开展以下几个方面的实践。

### (一)榜样引领

榜样引领是将社会主义核心价值观落实到个体身上,深刻融入真实、生动的个案,从而更加生动活泼、情理并茂,更能说服人。大学生身边的榜样,亲近、真实,大学生可以感受到他们和自己差距不大,但是又有值得学习借鉴的过人之处,发自内心地接受并认可榜样的行为模式,引发对高尚道德的自觉追求。

### （二）党团活动

党团活动是高校对大学生进行社会主义核心价值观认同培育的有效途径。党团活动的组织思路应该从"怎样开展活动"转变为"开展什么样的活动"，要更加贴合当代大学生的实际需求，结合社会主义核心价值观的现实表达，更加用心设计。在主题设计上，要加强社会主义核心价值观的思想引领地位，使党团活动真正发挥思想教育的载体作用，使大学生能够通过参与活动加深对社会主义核心价值观的认知与理解；在设计过程中，要充分尊重和发挥大学生的主体作用，创造更多机会吸引大学生参与，使他们在实践中体验社会主义核心价值观的生活表达；在形式设计上，要注重大学生发展的需要，将社会主义核心价值观与大学生的思想实际相结合，更多运用新媒体等大学生喜闻乐见的形式。

### （三）社会实践

社会实践是大学生在实践中增知识、长才干的大好机会。高校应加强对大学生社会实践的组织与引导，通过开展丰富多彩的实践活动，引导大学生接触社会，了解社会，关心他人、服务社会，在生产实践中完成从思想上的感悟升华到行为上的改变。

## 三、强化全过程培育的机制构建

### （一）构建家庭、学校、社会的衔接机制

家庭、学校和社会是个体价值观形成和培育的三个不同阶段，家庭文化、学校文化和社会文化又存在着较为明显的差异。当三个阶段的价值取向差异巨大时，个人的价值观念容易在冲击之下发生转变或出现扭曲。实现大学生社会主义核心价值观认同的全过程培育，除了应努力构建适应于社会主义核心价值理念的家庭文化、学校文化和社会文化，作为中间桥梁的学校，还应积极构建家庭、学校、社会的衔接机制，通过系统性的入学教育和毕业教育，修正个体家庭价值观的背离和偏移，消减社会不良风气的影响和冲击，使大学生在由家庭步入学校、由学校步入社会的过程中，能够保有对社会主义核心价值观一以贯之的目标共识和价值认同。

### (二)构建理论、实践、反馈的联结机制

缺乏反馈机制一直以来是大学生价值观教育的短板,以思想政治理论课为代表的理论教育和以社会实践、党建活动等为代表的实践教育往往"各自为政",因而学生无法将理论与实践较好地结合。同时,反馈机制的缺乏既难以保证通过实践将价值观内化,也难以使实践为理论提供支持或对理论进行修正。因此,强化全过程培育,需要构建理论、实践和反馈的联结机制,使大学生社会主义核心价值观认同培育的过程成为一个闭环反馈系统,以理论指导实践,以实践获得感悟,以反馈获得升华,不断提升社会主义核心价值观认同培育的效果。

### (三)构建师资、榜样、朋辈的协同机制

师资教育、榜样影响、朋辈感化都强调个体在大学生社会主义核心价值观认同培育中的作用。在很多高校中,辅导员、班主任、德育导师、学长组等之间的协同还较为缺乏,既容易造成大学生价值观培育的盲区,也容易造成价值观的重复灌输,甚至导致大学生的价值观产生冲突。因此,应建立起大学生社会主义核心价值观认同培育中师资、榜样、朋辈的协同机制,系统性地规划个体在大学生社会主义核心价值观认同培育中的任务与作用,顺畅地连接起大学生社会主义核心价值观认同培育的全过程。

## 第五节　方法路径:通识教育[①]

在前面的章节中,我们用较多篇幅阐述了社会主义核心价值观的终极价值指向是人的全面发展,通识教育的全人理念和社会主义核心价值观具有本质的联系,因此,高校对大学生社会主义核心价值观认同的培育应该以促进大学生的全面发展为根本目的,真正从大学生的需求出发,设计载体、构建机制等,摆脱为了培育而培育的"两层皮"困境。

---

　　① 卢军霞,卢益东,刘翔.通识教育:高校德育的有效促进[J].高等工程教育研究,2013(4).

《关于培育和践行社会主义核心价值观的意见》指出："坚持育人为本、德育为先，围绕立德树人的根本任务，把社会主义核心价值观纳入国民教育总体规划"，"推动社会主义核心价值观进教材、进课堂、进学生头脑"。① 1995年颁布的《中国普通高等学校德育大纲（试行）》强调："德育即思想、政治和品德教育，它体现教育的社会性与阶级性，是学校教育的重要组成部分。它与智育、体育等相互联系，彼此渗透，密切协调，共同育人。"在立德树人的大背景下，社会主义核心价值观认同培育成为高校德育工作的重要使命与重大挑战。

当前，高校在实施德育的过程中存在着如下问题：偏重理论灌输，轻视行为训练和养成；过度依靠专职德育队伍，忽视发挥专业教师的作用；偏向专业知识训练，忽略人文底蕴培养；等等。通识教育从个体对自我完善的本质需求出发，是以"人"为逻辑起点的一种培养人、塑造人、发展人、完善人的教育理念和实践，目标是达到知识、智慧、道德、心理的均衡发展，体现着强烈的人本精神和人文关怀。大类培养模式下的实践证明，通识教育能有效提升学生素质，促进高校德育发展。

## 一、通识教育何以可能？

用通识教育的方法来指导高校大学生社会主义核心价值观认同培育，首先要回答通识教育何以可能的问题。通识教育的全人发展理念与社会主义核心价值观促进人的全面发展的终极价值指向具有本质的联系，这为通识教育提供了可能。

通识教育源于亚里士多德主张的自由教育，它讲求知识的广泛性，目的是发展人的理性，促使人的智慧、道德和身体的和谐发展，避免人埋没于机械的、追求效率和实用性的、专业化的训练。② 1945年，美国哈佛大学发表《自由社会的通识教育》报告，明确提出：通识教育是"为什么样的社会培养一部分什么样的人"，其基本目的是帮助学生有效地思考，进行思想的沟通，恰当地判断和分辨各种价值。自此，"自由教育"逐渐转变为"通识教育"，以此来

---

① 中共中央办公厅.关于培育和践行社会主义核心价值观的意见[M].北京：人民出版社，2013：6-7.

② 白兆锋.大学通识教育研究述评[J].黑龙江教育学院学报，2011(7).

培养"完整的人"。①

　　作为一个内涵丰富、多维度、多阶段的历史范畴,通识教育在不同的时期、从不同的角度审视会有不同的内涵。② 目前,学界对通识教育有两种理解:广义上,把通识教育看作一种大学的教育理念,即大学教育给予学生全面的教育和训练,包括专业教育和非专业教育;狭义上,把通识教育看作不直接为学生将来的职业活动做准备的那部分教育。笔者认为,通识教育指所有对大学生进行的共同教育,强调知识的广博和人格的完整,促进大学生在德、智、体诸方面全面地发展,培养全面的、完整的人的教育。

　　当今的通识教育思想主要以美国为代表,可以分为进步实用主义、理想常经主义和精粹本质主义三大流派。进步实用主义流派代表人物杜威主张教育是生活的一个历程,认为教育的目的是培养学生自由管理时间以及解决现实问题的能力,培养学生适应变化的社会环境并预测将要发生的问题的能力,培养学生学习影响周边环境的社会动员能力,并促进社会公平。为了达到这三个教育目的,杜威主张通识教育采取经验尝试的教育方法,探讨人在生活中遇到的所有可能的问题以及解决方案。理想常经主义流派起源于柏拉图,代表人物是纽曼和赫琴斯,他们信奉普遍永恒的真理,认为这种真理以一种无形的或精神的方式存在。该流派构建了内省、思辨的方法论,主张人文教育,注重教育内容连贯的、统整的功能及共同的、基本的观念的培养。精粹本质主义流派的代表是康能和罗索夫斯基等,主张兼具以上两者之精华,认为大学要靠博雅的通识教育和专业教育来维持,最基本的公民教育、优质生活教育和职业教育应是大学提供的主要内容。该流派主张"经验在前、理性在后"的教育方法,认为学校要为学生提供有组织、有计划的教育内容和课程设置,但同时要体现差异。③

　　总体来讲,虽然各个国家和流派对于通识教育的具体内涵表述不一,采取的教育方法也不相同,但是已达成的共识是通识教育的目标是全人教育,它的目标是促进人的全面发展。

　　通识教育与德育在教育理念上存在着致力于对全人的追求、致力于生命意义的追问、致力于人的生命质量的提升的契合。在高校发展通识教育必然

---

① 哈佛委员会.哈佛通识教育红皮书[M].李曼丽,译.北京:北京大学出版社,2010.
② 李曼丽.通识教育:一种大学教育观[M].北京:清华大学出版社,1999.
③ 梁丽.通识教育在高校思想政治教育中的功能研究[D].广州:暨南大学,2009.

能够有效促进德育工作,主要体现在四个方面。

第一,有利于促进高校德育队伍从"思政队伍"向"全员育人"发展。在现行的体制下,高校德育工作主要由思政队伍承担,暴露出的问题有:一是越来越多的事务性工作占据了思政队伍特别是辅导员的主要时间,传统的德育意识和内容式微。二是思想的多元化发展对德育工作提出更高要求,大学生个体的思想状况、个性差异巨大,需求不一,在以人为本的教育理念下开展德育工作难度加大。三是以辅导员为主体的思政队伍面临职业化的困惑。思政队伍自身的德育能力提升缓慢,视野局限,水平参差不齐;思政队伍人心不稳,从而对德育的持续性产生影响。而业务教师队伍相对稳定,他们在日常通识教育教学和实践中与学生保持着密切关系,通过自然的联系,他们的师德师风、处世方式、行为准则、学习态度和道德情操,对学生的思想政治、行为习惯、创新意识产生直接而深刻的影响。

第二,有利于促进高校德育方式从"被动灌输"向"主动需求"发展。我国的高校德育始终体现着阶级性和政治性,在常规的教育过程中,德育按照专业知识的传统教育方式进行教学和考核,并强制实行。德育理论课被学生称为"洗脑课",被动灌输导致实际教育效果较弱。学生在主观上拒绝接受,但会为考试成绩和学业绩点而迎合。通识课程是学生根据自身需求自主选择的学习内容,在主观意识上存在接受倾向,功利性很弱,教育效果较好。

第三,有利于促进德育主阵地从"第二课堂"向"第一课堂"与"第二课堂"协同发展。目前,全面提升高等教育质量的具体要求是促进学生的全面发展,目标是德才兼备,途径是理论与实践结合,载体是课堂内外的各种教育教学及实践活动。思政队伍主要主导"第二课堂"的实践活动,在寓教于乐中进行德育实践。大类培养模式下,学校引导学生利用通识教育平台,以理论引导实践,以实践验证理论,更高效地促进自身全面发展,从而建立"第一课堂"与"第二课堂"协同的育人机制。

第四,有利于促进德育内容从"思想政治素质培养"向"全面素质培养"发展。通识教育有利于培养学生广阔的知识视野,认识不同专业学科的理念和价值,理解不同学科之间的关系,建立科学的判断力与价值观,提升对人类共同关心问题的触觉,并认识到融合发展对自身全面素质养成的重要性。因此,通识教育是实现现代大学教育目标的重要因素,它的基本内容是多元化教育,包括文学、哲学、历史等方面的知识以及参与相应的实践活动,注重知识整合,注重人格塑造,使作用单一的传统德育转向"全面素质培养"的新式德育。

# 二、通识教育如何可能?

## (一)树立科学的通识教育理念,达成开展通识教育的共识

通识教育的关键环节在于理念层面,科学的通识教育理念是通识教育目标实现的根本保证。在重视功利主义和实用主义的教育传统影响下,大学过于强调学生在市场经济中就业的优势,导致通识课程设置偏向应用型和专业化,课程要求和标准降低,被多数学生甚至部分教师视为"水课"。要改变这种现状,就要树立科学的通识教育理念,社会、高校达成开展通识教育的共识。大学"培养什么样的人"以及"如何培养人"是大学理念的核心表达,高校应该确立以人的全面发展为目标的通识教育理念,建立完善的人才观和教育价值观,将单一的、片面的培养目标转为完整的、全面的培养目标,从相互脱节甚至对立的教育体制转为完整的、统一的教育体制,从割裂的、残缺的教育内容转向广泛而全面的教育内容。

## (二)改革课程设置和评价,建立科学管理体系

目前,通识课程的设置和评价体系不尽合理,通识课程一般学分占总学分的三分之一,但外语、计算机、体育等必修课、限选课占通识课程学分的四分之三,学生实际可自由选修的学分不够多。通识教育课程设置和评价应该在全人教育的理念下,遵循社会价值取向和主流价值取向,按照基础性和导向性的原则,合理设置课程内容和评价体系。另外,当通识教育由理念论证走向实践运行时,必须设置相关的实体性机构,它是通识教育走向成熟、体系化的过程中首先要解决的问题。浙江大学 2006 年开始实行大类招生,为配合通识教育教学改革的深入,开展本科生大类招生、大类培养,实行"一横多纵"的学生教育管理体制。所谓"一横",就是本科新生进校之后,在主修专业确认之前的通识教育培养阶段,以求是学院为主负责学生管理,专业学院协助;所谓"多纵",就是本科生在主修专业确认之后,回归各专业学院管理。科学化的管理体系让通识教育教学改革从理念论证走向实践运行。

## (三)加强师资队伍建设,增强通识教育资源整合

时代在日新月异地变化,新事物、新观念如潮涌一般产生,新一代大学生

是完全在信息化环境中长大的,他们能够适应也特别乐于接受不断出现的新内容、新思想,如果高校无法提供最新的内容,他们自己也会通过其他渠道获取。目前,通识教育和德育的师资普遍欠缺,师资整体水平有待提高,教师只有严格要求自己,快速更新自己的教学内容,跟上形势,才能不被时代淘汰。通识教育的贯彻实施需要一定的资源支持,需要将学校的优质教学资源加以整合,包括硬件和软件的有机结合、政策和措施的配套落实等。

### (四)探索通识教育和高校德育的结合机制

通识教育和高校德育的实施都是针对教育失衡而提出的,都是为了实现培养"全面发展的人"之教育最高目标,两者密不可分。

在高校的实践中,两者的结合可以从两方面切入。一是优化课程结构,将通识教育和高校思想政治教育、心理健康教育、素质教育的课程融为一体。二是根据通识教育理念改进德育类课程的教学方式和方法,将通识教育"以人为本"的理念贯穿德育始终。传统的灌输式教学与培养学生批判性思考能力这一目标背道而驰,不但难以唤起学生的共鸣,而且会浇灭学生学习的激情。一般来说,学生最愿意选择的获取知识的途径是实践,高校可以鼓励学生参与实践,再通过师生之间和生生之间的互动交流来增加学习的趣味性和体验性。[1]

# 第六节　载体路径:领导力培养[2]

载体,原意是指能传递能量或运载其他物质的物质,现在则可以泛指一切能承载其他事物的事物。从思想政治教育的角度阐释,则可以理解为"在思想政治教育过程中承载和传递思想政治教育信息、能为思想政治教育主体所操作并与思想政治教育客体发生联系的一种物质存在方式和外在表现形

---

①　陈艳红.思想政治教育与通识教育结合刍论[D].上海:复旦大学,2009.
②　卢军霞.当代大学生领导力模型构建的理论分析[J].高等工程教育研究,2014(增刊).

态"①。长期以来,传统途径和载体发挥了很大作用,也存在不少问题。例如,传统载体承载的内容过于陈旧,跟不上时代的步伐,缺乏说服力;载体重形式轻内容;理论与实际脱节,没有很好地从当前大学生的实际需求出发来设计载体。

大学生的领导力培养,有助于全面提升大学生的基本能力和素质,以社会责任感养成为核心,健全品格、扩充知识、凸显个人魅力,有效提升当代大学生的社会适应能力和就业竞争力。因此,大学生领导力培养可以作为高校开展社会主义核心价值观培育的有效载体。

## 一、大学生领导力培养与大学生全面发展

受国内外成功领导者的影响,当代大学生成就事业的期望较高,成为领导者的意愿也较强烈。闫拓时于 2009 年对北京 4 所高校的大学生的领导力意识进行了调研,结果表明:大学生希望成为领导者的愿望强烈,71.2%的学生表示在大学期间愿意担任学生干部;大学生渴望提高领导力水平和技能。②但大多数学生对于领导力理论、领导力行为、领导力实践等缺乏系统认知,建立有针对性的大学生领导力培养机制,不仅符合当代大学生群体的切身需要,也是培育社会主义核心价值观认同的有效途径。

优秀的政治素质、良好的道德品质、正确的社会主义核心价值观念和独立自强的人格,是大学生走上成功道路的基石。引导大学生在学习和实践中练就过硬的政治素质,培养自立自强的品质,有利于完善大学生的人格养成。第一,领导力培养有利于大学生增强思辨能力、环境掌控能力、多线程应变能力等实务技能,提升就业竞争力。第二,领导力培养能够使大学生确立正确的择业观,具备长远眼光,从而拓展个人生涯道路,获得更多发展机会。第三,领导力在大学生的日常生活、人际关系、家庭生活中也发挥着重要作用,并能有效促进大学生学业的进步。

---

① 崔华前.当代大学生社会主义核心价值体系教育机制研究[M].合肥:合肥工业大学出版社,2012:93.

② 闫拓时.把大学生领导力意识培养提上教程是高等教育的时务[J].北京教育(德育),2011(12).

## 二、大学生领导力培养与社会主义核心价值观培育

大学生领导力培育,价值观培育是重点。领导过程是一个影响人的过程,领导者比其追随者更有权力,领导者所持的价值观影响了领导者和其追随者之间的行为,由此需承担的道义责任也较为重大;同时,领导者的价值观会影响他对事态和问题的洞察力和处理方式。① 梳理国内外不同的领导力理论可以发现,几乎所有理论对领导力的解构都包含了价值理念的因素。价值观是大学生领导力发展的核心,在大学生领导力的培育中起到统领作用。因此,开展领导力培育,用社会主义核心价值观引领青年大学生,是应对当代青年价值认同危机的有效途径,是培养具有社会责任感的新一代领导者的必经之路。

## 三、大学生领导力培养模式建构

关于大学生领导力培养的路径与模式,许多研究从大学生领导力的理论解构、培养体系、实现路径等角度进行了探索和阐释。如严太华等基于对国内领导力现状的分析,提出领导力培养面点结合、分层培养,能力与人格并重,可持续培养等原则,建议从培养途径、条件保障和后续跟踪机制切入,提升大学生领导力水平。② 许国动基于大学教育力和建构主义思想的理论分析,提出我国当代大学生领导力模型及其实现路径。大学生领导力模型是由三类封闭的核心能力和九种开放的基础能力组成时间与空间相结合的内、外二维结构准封闭系统,其实现路径有三条:通识教育、实践教学项目团队导师制和社区互动行动项目。③ 张恒龙等指出,高校在进行大学生领导力教育的过程中,要准确定位大学生领导力教育,从学生的需要出发,创新教育形式,

① 刘畅.科学发展观视域下的领导者资源整合力研究[D].大连:辽宁师范大学,2011.

② 严太华,等.大学生领导力培养体系构建的原则与实施途径[J].学校党建与思想教育,2013(8).

③ 许国动.当代大学生领导力模型与实现路径的理论分析[J].北京邮电大学学报(社会科学版),2011(6).

并建设大学生领导力教育的长效机制。① 张智强针对我国高校领导力教育提出如下建议:确立大学生领导力教育的目标和地位;加强对大学生领导力教育的理论研究;探索形成有特色的教育模式;利用社区资源加强大学生领导力教育;开发大学生领导力教育课程和教育项目等。②

基于对大学生领导力相关研究的考察,我们把大学生领导力概括为:大学生在组织活动过程中,运用其自身的权利、素质、知识、能力等影响被领导者,与其共同作用于一定的组织情境,从而激发组织成员的潜能,并引领组织取得卓越成就的一种合力。大学生领导力培养,不能脱离大学生领导力培养的基本要素和一般范式,并且需要兼顾大学生的特质和现实需求。

## (一)培养模式构架分析

大学生是和谐社会的重要主体,大学生对社会建设、民主法治建设、文化建设等的参与度在很大程度上决定了民主社会的发展水平。大学教育是培养未来领导者的重要土壤,可以从大学生的外部修养和内在特质两个维度进行把握。

大学生领导力培养模式由素质维度、知识维度、能力维度、魅力维度 4 个维度构成。素质是大学生领导力的前提,在大学生领导力体系中居首要地位。领导者的思想素质影响了他在社会中的价值定位和处世风格,决定了他在组织中能否成为领导力量,也决定了他所能达到的人生高度;领导者的身心素质决定了他对挫折和挑战的应对能力。知识是大学生领导力的基础,是进行领导行为、开展领导活动的工具和利器。知识的广度决定了领导者对纷繁复杂问题的处理能力,知识的深度决定了领导者处理问题的效率和专业性。能力是大学生领导力的核心,大学生领导力是支配大学生各项有效行为的能力的集合;能力反映在领导行为中对问题的判断、人员的感召、事务的决断、事态的控制等多个方面,是领导者必备的特质。魅力是大学生领导力的特色,得体的外在形象、自信的面貌,体现的是领导者的特质。这 4 个维度相辅相成,缺一不可。

---

① 张恒龙,张书磊.发展大学生领导力教育的瓶颈及对策[J].当代青年研究,2012(5).

② 张智强.高校开展大学生领导力教育的分析和思考[J].高等教育研究(成都),2011(3).

## (二)培养模式要素分析

### 1.素质维度

素质维度的重点是培养大学生的社会责任感和社会主义核心价值观。高校通识教育的核心任务是培养和提升大学生的综合素质。当今社会,功利主义、享乐主义、利己主义等腐朽思想试图占领高校大学生的思想阵地,抵御腐朽思想的侵蚀、坚守正确的价值观念是一个人成为领导者并取得成功的基本前提。大学生领导力的素质维度包括理想信念、道德人格、政治素养、创意激情、身心素质。就理想信念而言,大学生需保持崇高的理想、坚定的信念,以社会主义核心价值观武装自己,志存高远;就道德人格而言,大学生应培养优良的职业道德、社会道德、生活道德,在人格上具备高尚的情操、大气的胸怀,在处世上做到坚持原则、诚实守信,在生活中能够坚韧不拔、认真负责;就政治素养而言,大学生应坚守正确的政治立场,增加对政治生活的敏感性和关注度,具备强烈的爱国情操和社会责任感,遵纪守法、服务人民;就创意激情而言,大学生应勇于革新与创新,对生活、事业时刻充满激情;身心素质包含生理素质与心理素质,良好的生理素质有助于大学生以健康的体魄应对各项工作,良好的心理素质有助于大学生以乐观的人生态度应对各类挫折,素质的培养是一个长期的过程,是大学生领导力培养的难点和最重要部分。

### 2.知识维度

丰富的知识是领导者解决实际问题的工具,是领导力的左膀右臂。大学生培养领导力,需要增加知识储备,在通识体系中追求知识的广度以拓展眼界和思维方式,在专业体系中追求知识的深度以成为专业领域的权威力量。知识维度包罗万象,包含政治学、管理学、法学、心理学等多个方面,政治学知识使领导者具备政治敏锐性,管理学知识为领导者组织管理庞大的人员事务提供科学理论指导,法学知识为领导者遵纪守法提供保障,心理学知识为领导者知人识人用人的领导艺术提供理论指导……知识的摄取是永无止境的,对优秀的领导者来说,知识的积累伴随一生,取之随时,用之即时。

### 3.能力维度

能力是大学生领导力的核心,贯穿着领导过程的始终。本书在论证大学生领导力培养模式中的能力维度时，主要依据中国科学院"科技领导力研究"课题组提出的领导力五力模型，将大学生领导力的能力维度分为感召力、前瞻力、影响力、决断力、控制力。其中，感召力的形成来源于坚定的理想信念、高尚的道德人格、优秀的政治素养和创意激情等素质维度的各个方面，作用于领导者带领其组织人员完成组织使命的天职，是最顶层的领导能力；前瞻力是一种着眼未来、预测未来和把握未来的能力，它的形成与领导者的理念、所处行业发展规律、宏观环境发展趋势有关；影响力是领导者积极主动地影响组织内其他成员的能力，它主要表现为领导者对被领导者的需求和动机的把握、关系的建立、沟通的方式、行为的效果、利益的平衡等，前瞻力和影响力是感召力的延伸和发展，使领导者不仅努力使自己成为"完人"，同时能看清组织的发展路径和方向，并影响和带领被领导者完成目标①；决断力是针对战略实施中的各种问题和突发事件而进行快速和有效决策的能力，主要体现为运用各种方法防范和化解风险的能力、把握最佳决策实施时间的能力等；控制力是领导者有效控制组织的发展方向、战略实施过程和成效的能力，一般通过组织价值观、规章制度、控制冲突等方式来实现。② 五项能力相辅相成，贯穿了领导过程的始终，保证了领导行为的高效发生。

### 4. 魅力维度

领导魅力，意指领导者对被领导者的一种天然的吸引力、感染力和影响力，是领导者利用其自身的魅力鼓励追随者并作出重大组织变革的领导能力。③ 大学生领导力的魅力维度包含了形象魅力、品格魅力、情感魅力三个方面。形象魅力表现为外在的形体感官，仪表大方、言谈得体，能够在无形中增加人际交往中的好感程度，使得领导者更容易被信任；品格魅力表现为处世方式，自信自强、民主包容、乐观幽默，是领导者应具备的品质；情感魅力表现为尊重他人、宽以待人，能够凝聚组织合力。④

综上所述，构成大学生领导力培养模式的素质、知识、能力、魅力 4 个维度

---

① 赵辉. EPC 项目高层管理团队运作效能管理研究[D]. 天津：天津大学，2009.

② 中国科学院"科技领导力研究"课题组. 领导力五力模型研究[J]. 领导科学，2006(9).

③ 徐右谦. 服务型政府视野下行政领导力提升的对策研究[D]. 南昌：南昌大学，2008.

④ 钱亚玲. 中国现代女性领导力研究[D]. 呼和浩特：内蒙古大学，2009.

相辅相成。它们来源于领导力理论和当代大学生领导力培养的现实需求,共同形成大学生领导力体系,为大学生领导力的培养提供理论依据和现实参照。大学生领导力培养,为大学生综合素质提升提供了新的切入点,有助于更加有效地培育大学生社会主义核心价值观认同。

# 参考文献

Campbell A. The American Vote[M]. New York:John Willey & Sons, 1960.

DeCew W J. Personal autonomy in society[J]. Social Theory & Practice, 2009,35(1).

Fukuyama F. The End of History and the Last Man [M]. New York: Free Press,1992.

Fukuyama F. The Great Disruption: Human Nature and the Reconstitution of Social Order [M]. New York:Free Press, 1999.

Hunt T C, Monalisa M. Moral Education in America's Schools: The Continuing Challenge[M]. Charlotte, NC:Information Age Publishing, 2005.

Huntington S P. The Clash of Civilizations and the Remaking of World Order [M]. New York:Scribner Dec. ,1996.

Joseph E D. Identity and Social Change[M]. New Jersey:Transactions Publishers, 2000.

Leiss W. The Limits to Satisfaction [M]. Montréal: McGill-Queen's University Press,1988.

Lustig M, Koester J. Intercultural Competence: Interpersonal Communication Across Cultures [M]. Boston:Allyn & Bacon,2003.

Richard J. Social Identity [ M ]. London: Routledge Publishing Group,1996.

Schwartz S H,Bilsky W. Toward a universal psychological structure of human values [J]. Journal of Personality and Social Psychology, 1987,53 (3).

Schwarzmantel J. Citizenship and Identity: Towards a New Republic [M]. London and New York:Routledge, 2003.

Sichel B A. Moral Education: Character , Community , and Ideals[M].

Philadelphia：Temple University Press，1988.

Tajfel H，Turner J C. The social identity theory of intergroup behavior [C]//Worchel S，Austin W（eds）. Psychology of Intergroup Relations. Chicago：Nelson Hall，1986.

Tajfel H. Differentiation Between Social Group：Studies in the Social Psychology of Intergroup Relations[M]. London：Academic Press，1978.

Tajfel H. Social psychology of intergroup relations[J]. Annual Review of Psychology，2003，33(1).

Taylor C. Philosophy and the Human Sciences：Philosophy Papers，Cambridge[M]. Cambridge：Cambridge University Press，1985.

把培育和弘扬社会主义核心价值观作为凝魂聚气强基固本的基础工程[N]. 人民日报，2014-02-26.

白甲欣.多元文化背景下大学生社会主义核心价值体系认同教育研究[D].重庆：西南大学,2014.

贝尔.资本主义文化矛盾[M].赵一凡,等译.北京：生活·读书·新知三联书店,1989.

岑国桢.青少年主流价值观：心理学的探索[M].上海：上海教育出版社,2007.

车文博.弗洛伊德主义原著选辑[M].沈阳：辽宁人民出版社,1988.

陈秉公.21世纪思想政治教育工作创新理论体系[M].长春：吉林教育出版社,2000.

陈秉公.思想政治教育学原理[M].沈阳：辽宁人民出版社,2000.

陈琳.当代大学生对社会主义核心价值观的认同研究[D].南京：南京大学,2011.

陈敏,于瑛.价值多元化视阈下大学生核心价值认同危机与重构[J].广西师范学院学报(哲学社会科学版),2008(2).

陈万柏,张耀灿.思想政治教育学原理[M].北京：高等教育出版社,2007.

陈伟,罗仲尤.社会主义核心价值观与大学思想政治教育[N].光明日报,2007-09-02.

陈晞.浅析文化生态学视阈下大学生社会主义核心价值观教育[J].赤子(上中旬),2015(5).

陈延斌,邹放鸣.社会主义核心价值体系若干问题研究 [J].南京师大学报(社会科学版),2008(4).

陈艳红.思想政治教育与通识教育结合刍论[D].上海:复旦大学,2009.

陈芝海.大学生社会主义核心价值观教育研究[M].北京:光明日报出版社,2013.

陈志军,浦解明,左益,等.社会主义核心价值体系融入大学生思想政治教育全过程研究[M].北京:光明日报出版社,2009.

陈志尚.人学原理[M].北京:北京出版社,2005.

邓小平文选(第3卷)[M].北京:人民出版社,1993.

丁志刚.政治价值研究论纲[J].政治学研究,2004(3).

杜威.杜威教育论著选[M].赵祥麟,王承绪,编译.武汉:华东师范大学出版社,1981.

恩格斯.自然辩证法[M].北京:人民出版社,1971.

樊泓池,王贵新,樊磊.多元化社会分层视域下的中国当代大学生核心价值观的整合与重构研究[J].东北师大学报(哲学社会科学版),2011(3).

房欲飞.大学生领导力教育:美国高校和社区互动的新载体[J].江苏高教,2008(3).

房欲飞.大学生领导力教育研究述评[J].现代教育科学(高教研究),2008(2).

房欲飞,文茂伟.通识教育和大学生领导力教育:以美国大学为例[J].复旦教育论坛,2007(4).

冯刚.用社会主义核心价值体系引领高校思想政治教育深入发展[J].高校理论战线,2008(7).

冯颜利,廖小明.问题·旨趣·路径:社会主义核心价值观新探究[M].北京:人民出版社,2014.

公方彬.民主、平等、公正、互助:支撑中华民族崛起的核心价值观[J].政工学刊,2006(10).

宫敬才.论经济价值观[J].学海,2000(1).

宫志峰,李纪岩,李在武.大学生社会主义核心价值体系建设研究[M].北京:人民出版社,2012.

郭学利,高红梅.传统文化教育与大学生核心价值观的构建[J].内蒙古师范大学学报(教育科学版),2013(7).

郭湛.主体性哲学:人的存在及其意义[M].昆明:云南人民出版社,2002.

哈佛委员会.哈佛通识教育红皮书[M].李曼丽,译.北京:北京大学出版社,2010.

韩庆祥,亢安毅.马克思开辟的道路:人的全面发展研究[M].北京:人民出版社,2005.

韩震.积极培育社会主义核心价值观[J].理论视野,2013(1).

郝军燕.试论我国社会的精神和谐[D].石家庄:河北师范大学,2007.

核心价值观体现时代精神[N].中国教育报,2014-05-12.

贺善侃.经济全球化背景下的价值认同与冲突[J].毛泽东邓小平理论研究,2003(5).

赫斯利普.美国人的道德教育[M].王邦虎,译.北京:人民教育出版社,2003.

黑格尔.法哲学原理[M].范扬,张企泰,译.北京:商务印书馆,1961.

亨廷顿,哈里森.文化的重要作用:价值观如何影响人类进步[M].程克雄,译.周琪,等译.北京:新华出版社,2002.

亨廷顿.文明的冲突与世界秩序的重建[M].北京:新华出版社,1998.

侯惠勤.马克思的意识形态批判与当代中国[M].周淇,等译.北京:中国社会科学出版社,2010.

胡锦涛.坚定不移沿着中国特色社会主义道路前进为全面建成小康社会而奋斗:在中国共产党第十八次全国代表大会上的报告[M].北京:人民出版社,2012.

户可英,胡万钦.德国和日本大学生意识形态教育探析[J].黑龙江高教研究,2013(12).

扈中平."人的全面发展"内涵新析[J].教育研究,2005(5).

黄洁贞.香港学校公民教育及其启示[J].广东青年干部学院学报,2007(4).

黄凯锋.当代中国价值观研究新取向[M].上海:学林出版社,2007.

黄莉,邹世享.大学生对社会主义核心价值观的认同调查分析[J].西南交通大学学报(社会科学版),2010(3).

黄三生.国内凝练社会主义核心价值观研究述评[J].理论月刊,2012(9).

黄希庭,张进辅,李红,等.当代中国青年价值观与教育[M].成都:四川教育出版社,1994.

吉登斯.现代性与自我认同[M].赵旭东,方文,译.北京:生活·读书·新知三联书店,1998.

贾英健.多样价值观态势与主导价值观的确立[J].山东社会科学,2002(1).

贾英健.核心价值观及其功能[N].光明日报,2007-10-23.

贾英健.经济全球化进程中价值认同的多重方式[J].中共济南市委党校学报,2007(3).

江畅.现代西方价值哲学[M].武汉:湖北人民出版社,2003.

金盛华,辛志勇.中国人价值观研究的现状及发展趋势[J].北京师范大学学报(社会科学版),2003(3).

靳志强.社会主义核心价值观认同的利益机制研究[J].长春理工大学学报(社会科学版),2011(7).

柯纳斯,詹姆斯.内化[M].王丽颖,译.北京:北京大学医学出版社,2007.

康菊英.关于社会主义核心价值观大众化研究[D].南昌:江西师范大学,2014.

李斌雄,张小秋.大学生对社会主义核心价值体系的认同研究[J].思想政治教育研究,2007(4).

李德顺,马俊峰.价值论原理[M].西安:陕西人民出版社,2002.

李德顺.价值新论[M].北京:中国青年出版社,1993.

李辉,练庆伟.价值认同:当代大学生思想政治教育的重要取向[J].学校党建与思想教育,2008(1).

李辉.价值认同:当代大学生思想政治教育的重要取向[J].学校党建与思想教育,2008(1).

李建华.分层次培育社会主义核心价值观[N].光明日报,2013-01-26.

李康平,李正兴.红色资源开发与社会主义核心价值体系教育[J].道德与文明,2008(1).

李曼丽.通识教育:一种大学教育观[M].北京:清华大学出版社,1999.

李明华.时代演进与价值选择:中国价值观探讨[M].西安:陕西人民出版社,1992.

李沛忠.大学生社会主义核心价值观教育路径研究[J].当代教育实践与教学研究,2015(8).

李素华.对认同概念的理论述评[J].兰州学刊,2005(4).

李小玲.加强社会主义核心价值观社会认同研究[J].上海商学院学报,

2012(6).

梁丽萍.中国人的宗教心理:宗教认同的理论分析与实证研究[M].北京:社会科学文献出版社,2004.

廖小平,陈建越.青年价值观的基本特征[J].中国青年政治学院学报,2006(4).

列宁全集[M].中共中央马克思恩格斯列宁斯大林著作编译局,译.北京:人民出版社,1959.

刘丹.全球化时代的认同问题与公民教育研究:基于公民身份的视角[M].北京:北京师范大学出版社,2013.

刘芳.全球化时代的价值认同[J].甘肃理论学刊,2004(5).

刘贵芹.用社会主义核心价值体系引导大学生健康成长[J].学校党建与思想教育,2007(8).

刘怀光,刘雅琪.主流价值认同的现代价值困境[J].吉首大学学报(社会科学版),2012(1).

刘仁营.重申马克思的经济人本主义:马克思经济价值观的心路历程[J].探索,2006(4).

刘书林.培育社会主义核心价值观的基本原则[J].思想理论教育,2013(3).

刘新庚,刘峥.社会主义核心价值观认同的动力要素与过程机制探索[J].中南大学学报(社会科学版),2012(3).

刘银.用社会主义核心价值观引领校园文化建设研究[D].长沙:中南大学,2013.

柳克方.大学生对社会主义核心价值体系的价值认同研究[D].大连:辽宁师范大学,2010.

龙莹.当代大学生社会主义核心价值观实践路径探究:基于价值认同的分析[J].湖北经济学院学报(人文社会科学版),2014(11).

吕玉玲.西方女性领导力研究[D].汕头:汕头大学,2010.

Morpheus.意识形态霸权:美国社会中的思想控制[M].吴万伟,译.北京:人民出版社,2008.

马建青.大学生心理健康教程[M].杭州:浙江大学出版社,2012.

马克思.1844年经济学哲学手稿[M].北京:人民出版社,2000.

马克思恩格斯全集(第3卷)[M].北京:人民出版社,1960.

马克思恩格斯全集(第 19 卷)[M].北京:人民出版社,1963.

马克思恩格斯全集(第 23 卷)[M].北京:人民出版社,1972.

马克思恩格斯全集(第 42 卷)[M].北京:人民出版社,1979.

马克思恩格斯全集(第 46 卷)[M].北京:人民出版社,2003.

马克思恩格斯选集(第 1 卷)[M].北京:人民出版社,1995.

麦克盖根.文化民粹主义[M].桂万先,译.南京:南京大学出版社,2001.

麦金太尔.德性之后[M].龚群,戴扬毅,等译.北京:中国社会科学出版社,1995.

蒙爱群.香港高校思想政治教育特色对《中国近现代史纲要》课教学的启示[J].传承(学术理论版),2009(8).

孟轲.社会主义核心价值观大众认同的基本动因及障碍[J].河南师范大学学报(哲学社会科学版),2014(1).

聂立清.我国当代主流意识形态认同研究[M].北京:人民出版社,2010.

聂月岩,张家智.借鉴"品格教育"的方法培育核心价值观体系[J].思想教育研究,2007(8).

诺思.经济史中的结构与变迁[M].陈郁,罗华平,等译.上海:上海三联书店,1991.

裴德海.从一般价值到核心价值:社会主义核心价值观培育与践行的双重逻辑[M].合肥:安徽教育出版社,2013.

彭聃龄.普通心理学[M].北京:北京师范大学出版社,2004.

钱亚玲.中国现代女性领导力研究[D].呼和浩特:内蒙古大学,2009.

邱钰斌.价值认同理论考察及核心价值观教育启示[J].西南民族大学学报(人文社科版),2009(11).

桑丽.凝练社会主义核心价值观研究述评[J].唯实,2012(8-9).

沙莲香.社会心理学[M].北京:中国人民大学出版社,2002.

山述兰.以社会主义核心价值观引领高校校园文化建设的策略研究[J].思想理论教育,2015(1).

舍勒.价值的颠覆[M].罗悌伦,等译.北京:生活·读书·新知三联书店,1997.

深刻把握中国梦的丰富内涵和特质[N].人民日报,2014-06-06.

沈晓阳.马克思"有个性的个人"思想探析[J].探索,2002(1).

沈壮海.思想政治教育有效性研究[M].武汉:武汉大学出版社,2001.

石国亮.青年国际政治研究的新范式:意识形态视野中的青年和青年组织[M].北京:人民出版社,2007.

石海兵.论青年价值观教育内容的结构体系[J].思想理论教育(综合版),2007(12).

石云霞.当代中国价值观论纲[M].武汉:武汉大学出版社,1996.

孙抱弘.人性、国民性、日常生活、实现过程与青少年群体:关于培育和践行社会主义核心价值观的系统性思考[J].青年探索,2015(1).

泰勒.现代性之隐忧[M].程炼,译.北京:中央编译出版社,2001.

泰勒.自我的根源:现代认同的形成[M].韩震,译.南京:译林出版社,2001.

唐凯麟.社会主义核心价值体系是在实践中不断完善的科学体系[N].光明日报,2008-09-23.

陶倩.由大学生荣辱观现状看其对社会主义核心价值观之认同[J].学校党建与思想教育,2007(6).

陶源.价值主体性视域中的社会主义核心价值观及践行路径研究[D].上海:东华大学,2015.

滕尼斯.共同体与社会[M].贺麟,译.北京:商务印书馆,1979.

田建国.当代青年大学生的思想特点[J].河南教育,2010(1).

万斌.万斌文集[M].杭州:杭州出版社,2004.

汪青松."四信"教育与社会主义核心价值体系建设[J].党的文献,2007(5).

汪田霖,吴忠.全球化与文化价值观[J].学术研究,2002(6).

汪信砚.全球化中的价值认同与价值观冲突[J].哲学研究,2002(11).

王晨艳,李奎刚.大学生社会主义核心价值观认同分析与培育着眼点[J].思想政治教育研究,2013(4).

王成兵.当代认同危机的人学解读[M].北京:中国社会科学出版社,2004.

王成兵.对当代认同概念的一种理解[J].学习与探索,2004(6).

王芳.关于领导力早期发展的几个基本理论问题[J].当代青年研究,2012(5).

王芳.领导力早期发展的初步探索[D].上海:华东师范大学,2010.

王华斌.构建当代大学生社会主义核心价值观的若干思考[J].合肥师范

学院学报,2009(4).

王丽霞.提高内地大学生思想政治理论教育实效性:以香港公民教育为借鉴[J].福建金融管理干部学院学报,2009(1).

王鹏.新加坡大学生主流价值观教育探析[J].思想理论教育导刊,2012(12).

王守衡.香港"中大模式"的通识教育与德育[J].郑州航空工业管理学院学报(社会科学版),2001(1).

王现东.基于低碳理念的生态价值观批判与重构[J].求索,2012(1).

王孝哲.马克思主义人学概论[M].合肥:安徽大学出版社,2009.

王振江.中国德育传统与当代中学德育[D].北京:首都师范大学,2007.

韦伯.新教伦理与资本主义精神[M].彭强,黄晓京,译.西安:陕西师范大学出版社,2002.

韦建桦.社会主义核心价值体系的历史内涵、科学精神、创新品格[N].光明日报,2007-12-04.

魏源.价值观的概念、特点及其结构特征[J].中国临床康复,2006(18).

翁文艳.大学生领导力开发现状与途径[J].当代青年研究,2011(3).

吴恒.党的十八大以来社会主义核心价值观研究述评[J].桂海论丛,2014(3).

吴潜涛.积极培育和践行社会主义核心价值观[N].中国教育报,2012-12-07.

吴潜涛.社会主义核心价值体系的科学内涵[J].道德与文明,2007(1).

吴潜涛.用中国特色社会主义核心价值体系引领大学生成长成才[J].思想理论教育导刊,2007(11).

吴潜涛.准确理解社会主义核心价值体系的科学内涵[N].人民日报,2007-02-12.

吴荣军.论当代大学生社会主义核心价值观[J].江苏社会科学,2008(S1).

吴向东.价值观的核心问题及其解答的前提批判[J].马克思主义与现实,2010(1).

吴新文.社会主义核心价值观[M].重庆:重庆出版社,2009.

吴倬.关于社会主义核心价值观问题的理论思考[J].教学与研究,2008(6).

习近平.青年要自觉践行社会主义核心价值观:在北京大学师生座谈会上的讲话[N].人民日报,2014-05-05.

肖滨.两种公民身份与国家认同的双元结构[J].武汉大学学报(哲学社会科学版),2010(1).

徐右谦.服务型政府视野下行政领导力提升的对策研究[D].南昌:南昌大学,2008.

许国动.当代大学生领导力模型与实现路径的理论分析[J].北京邮电大学学报(社会科学版),2011(6).

许志功.大力加强社会主义核心价值体系建设[J].思想理论教育导刊,2007(10).

闫顺利."培育和践行社会主义核心价值观"研究述评[J].长春市委党校学报,2014(3).

严太华,等.大学生领导力培养体系构建的原则与实施途径[J].学校党建与思想教育,2013(8).

杨晓慧.社会主义核心价值体系融入大学生思想政治教育全过程的基本问题研究[M].北京:人民出版社,2011.

杨业华.当代中国大学生核心价值观研究[M].北京:人民出版社,2011.

杨玉刚,门志芳,李雪丽.大学生领导力培养研究述评[J].赤峰学院学报(哲学社会科学版),2012(6).

杨政.从现代领导力的柔性化趋势看女性领导力的开发[D].上海:东华大学,2013.

杨中刚.论加强对大学生核心价值观的引导和培育[J].学校党建与思想教育,2005(12).

姚晓红,田杰,吴超.网络环境下大学生社会主义核心价值观教育研究[J].中国成人教育,2013(23).

余林,王丽萍.大学生对社会主义核心价值观的内隐认同研究[J].西南大学学报(社会科学版),2013(5).

虞崇胜.公平正义:社会主义核心政治价值的精髓[J].湖北社会科学,2010(9).

虞崇胜.凝练社会主义核心价值观应把握其生成规律[J].中国党政干部论坛,2013(2).

袁贵仁.不断创新思想政治教育的理论与实践:《德育为先》序[J].中国高

等教育，2006(5).

袁贵仁.价值观的理论与实践:价值观若干问题的思考[M].北京:北京师范大学出版社,2006.

宰波.增强大学生社会主义核心价值观教育实效性的对策探析[J].河南科技学院学报(社会科学版),2013(1).

曾楠.困境与机缘:核心价值观教育的文化考察[J].理论导刊,2014(3).

曾献辉,陈小志,李明.大学生对社会主义核心价值观认同性的研究[J].经济研究导刊,2011(21).

张博.大学生价值认同的文化实现路径研究[D].哈尔滨:哈尔滨理工大学,2014.

张恒龙,张书磊.发展大学生领导力教育的瓶颈及对策[J].当代青年研究,2012(5).

张惠选.社会主义核心价值体系与大学生价值观构建[J].山西大学学报(哲学社会科学版),2008(3).

张世玉.培育大学生社会主义核心价值观面临的问题与对策研究[J].亚太教育,2016(1).

张文儒,乔建生.高等院校培育和践行社会主义核心价值观方法研究[J].学周刊,2016(2).

张彦君.社会主义核心价值观认同驱动力研究[J].河南社会科学,2014(7).

张耀灿.思想政治教育学前沿[M].北京:人民出版社,2006.

张耀灿,等.现代思想政治教育学[M].北京:人民出版社,2001.

张莹瑞,佐斌.社会认同理论及其发展[J].心理科学进展,2006(3).

张远新,何熙.社会主义核心价值体系与当代大学生核心价值观教育[J].思想教育研究,2007(10).

张再,杨增崒.社会主义核心价值体系与高校思想政治教育发展[J].思想政治教育研究,2008(2).

张智强.高校开展大学生领导力教育的分析和思考[J].高等教育研究(成都),2011(3).

章毛平.坚持知、情、意、信、行的统一:论大学生社会主义荣辱观教育的有效性[J].中国矿业大学学报(社会科学版),2006(4).

赵红梅.当代美国女子高校的领导力教育:对15所女子学院的研究[D].

北京:首都师范大学,2005.

赵辉.EPC项目高层管理团队运作效能管理研究[D].天津:天津大学,2009.

郑永廷.认同:意识形态研究新视角——评《我国当代主流意识形态认同研究》[N].中国教育报,2011-03-14.

郑永廷.思想政治教育方法论[M].北京:高等教育出版社,1999.

中共中央党史研究室.深刻认识中国特色社会主义的历史逻辑[N].人民日报,2013-02-07.

中共中央党校省部班课题组.凝练核心价值观 提高执政软实力[J].中国党政干部论坛,2011(7).

中共中央关于构建社会主义和谐社会若干重大问题的决定[N].人民日报,2006-10-19.

中国科学院"科技领导力研究"课题组.领导力五力模型研究[J].领导科学,2006(9).

周古月.当代大学生对社会主义核心价值观的认同现状及教育对策研究[D].武汉:华中师范大学,2014.

朱继胜,谭培文.社会主义核心价值认同的建构:科学的利益机制视角[J].理论学刊,2011(2).

朱颖原.社会主义核心价值观多维研究[M].北京:人民出版社,2013.

祝辉.社会主义核心价值观认同的内涵及可行性分析[J].长春工业大学学报(社会科学版),2011(5).

# 附 录

## 社会主义核心价值观视域下当代大学生核心价值观调查问卷

亲爱的同学：

　　您好！为了了解社会主义核心价值观视域下当代大学生核心价值观的情况,我们进行这次抽样调查。问卷采取不记名形式,所有数据均用于统计研究,因此您不必有任何顾虑。问卷大概花费您十分钟时间,只要您在选中的答案前面的序号上打"√"即可,请您按真实想法填答。

　　衷心感谢您对本次调查的大力支持。

## 第一部分　基本情况

1. 您的性别:
A. 男　　　B. 女

2. 您的民族:

3. 您是否为学生干部?
A. 是　　　B. 否

4. 您所在的年级:
A. 大一　　B. 大二　　C. 大三　　D. 大四　　E. 大五(五年制)
F. 研究生

5. 您的专业:
A. 人文　　B. 社会科学　　C. 理学　　D. 工学　　E. 医学
F. 农学　　G. 军事学　　　H. 海洋学　I. 艺术学

6. 您的政治面貌:
A. 共产党员　　B. 共青团员　　C. 群众

7.您的生源地：

A.县城及以上城市　　　B.乡镇或农村　　　C.少数民族聚居区

8.您的家庭月均收入：

A.1000 元以下　　　B.1000～3000 元　　　C.3000～6000 元

D.6000～10000 元　　　E.10000～20000 元　　　F.20000 元及以上

9.您原先就读的中学的性质：

A.重点中学　　　B.普通中学　　　C.民族中学

# 第二部分　主　表

下面的描述中,请在您觉得最合适的答案对应的数字上打"√"。

| 题项 | 选项 | | | | |
|---|---|---|---|---|---|
| | 非常同意 | 同意 | 不知道 | 不同意 | 非常不同意 |
| （一） | | | | | |
| 1.坚持和发展社会主义市场经济是建设富强中国的必经之路 | □ | □ | □ | □ | □ |
| 2.只有将中国建设成为经济富强的国家,才能实现国民的共同富裕 | □ | □ | □ | □ | □ |
| 3.要建立产权清晰、责权明确、政企分开、管理科学的现代企业制度 | □ | □ | □ | □ | □ |
| 4."效率优先,兼顾公平"的收入分配制度在现阶段仍然适用且应该坚持 | □ | □ | □ | □ | □ |
| 5.市场活动参与者应秉持诚实守信、义利兼顾、互惠共赢的原则 | □ | □ | □ | □ | □ |
| 6.经济基础决定上层建筑,上层建筑反作用于经济基础;因此,完善和发展社会主义市场经济,需建立与之相适应的完善的法律制度体系 | □ | □ | □ | □ | □ |

**续　表**

| 题项 | 选项 | | | | |
|---|---|---|---|---|---|
| | 非常同意 | 同意 | 不知道 | 不同意 | 非常不同意 |
| 7.我国经济发展中存在的不平衡、不协调、不可持续等问题依然突出,需要进一步调整经济结构、转变经济发展方式 | □ | □ | □ | □ | □ |
| （二） | | | | | |
| 8.民主是人类共同追求的价值,但在不同时期,不同国家对民主存在不同的理解,民主政治的适应性也不同 | □ | □ | □ | □ | □ |
| 9.社会主义民主政治是符合中国国情、实现人民当家作主的最佳途径 | □ | □ | □ | □ | □ |
| 10.遏制腐败要从制度层面加以改进 | □ | □ | □ | □ | □ |
| 11.公平正义具有历史性和相对性,应逐步实现社会的公平正义 | □ | □ | □ | □ | □ |
| 12.建设"法治中国",要在完善和发展中国特色社会主义的基础上,实现国家治理体系和治理能力现代化,实现依法治国 | □ | □ | □ | □ | □ |
| 13.中国共产党是中国唯一合法的执政党,党的领导是实现依法治国的基本前提 | □ | □ | □ | □ | □ |
| 14.从建设"和谐社会"到"法治中国",是党的执政方针不断与时俱进、科学完善的体现 | □ | □ | □ | □ | □ |
| （三） | | | | | |
| 15.文化的衰落是一个民族衰落的重要原因,文化的强盛也是一个民族强盛的重要因素 | □ | □ | □ | □ | □ |
| 16.中华民族优秀传统文化和社会主义先进文化是中国梦实现的思想源泉和精神动力 | □ | □ | □ | □ | □ |

| 题项 | 选项 | | | | |
| --- | --- | --- | --- | --- | --- |
| | 非常同意 | 同意 | 不知道 | 不同意 | 非常不同意 |
| 17. 民族的即是世界的,我们不仅要继承和发扬中国优秀传统文化,还要努力让中国文化走向世界 | □ | □ | □ | □ | □ |
| 18. 我们应以开放的心态借鉴和吸收西方先进文明成果 | □ | □ | □ | □ | □ |
| 19. 对待西方文化应采取辩证态度,避免西方文化糟粕通过网络等新媒体对青年人进行侵蚀和渗透 | □ | □ | □ | □ | □ |
| 20. 改革创新、自强不息、锐意进取是当代中国人仍需保有的精神状态 | □ | □ | □ | □ | □ |
| 21. 改革开放为我国带来了经济增长、社会兴盛、文化繁荣,我们应对改革开放道路加以坚持和创新 | □ | □ | □ | □ | □ |
| （四） | | | | | |
| 22. 个人的发展与成就离不开集体的力量 | □ | □ | □ | □ | □ |
| 23. 爱国需要理智,打砸日货等行为属于盲目爱国,不利于社会和谐 | □ | □ | □ | □ | □ |
| 24. 尊师重道、尊老爱幼、助人为乐的社会风气应进一步弘扬 | □ | □ | □ | □ | □ |
| 25. 社会的文明与和谐,离不开每个公民的社会责任感与社会公德 | □ | □ | □ | □ | □ |
| 26. 在社会交往中友好和睦、友善谦让是一种美德,有时候吃亏是福 | □ | □ | □ | □ | □ |
| 27. 完善的人格和健康的体魄是取得一切成就的基础 | □ | □ | □ | □ | □ |
| 28. 一个人的品质和修养可以靠后天的培养形成 | □ | □ | □ | □ | □ |

**续　表**

| 题项 | 选项 | | | | |
|---|---|---|---|---|---|
| | 非常同意 | 同意 | 不知道 | 不同意 | 非常不同意 |
| （五） | | | | | |
| 29.人类不是自然的主人,不能为所欲为 | □ | □ | □ | □ | □ |
| 30.保护环境是人类共同的福祉,也是造福后代的优良举措 | □ | □ | □ | □ | □ |
| 31.矿产、石油等都是不可再生资源,不应过度开采 | □ | □ | □ | □ | □ |
| 32.我愿意选择绿色出行方式,为消除雾霾出一份力 | □ | □ | □ | □ | □ |
| 33.万事都应有限度,过犹不及。对资源的开发与利用也是一样,应在合理范围内 | □ | □ | □ | □ | □ |
| 34.生活中很多能源浪费的现象是可以通过举手之劳避免的,关键在于养成低碳生活的观念与习惯 | □ | □ | □ | □ | □ |
| 35.理性消费、勤俭节约是优良的生活品质 | □ | □ | □ | □ | □ |